Journeys With a Brother : Japan to India

バーソロミューとの旅(上)
日本編

覚醒意識の流れに目覚める

バーソロミュー
BARTHOLOMEW

ヒューイ陽子 訳
YOKO HUEY

ナチュラルスピリット

バーソロミューとの旅（上）日本編

世界中の〈神を探す人〉や〈神を見つける人〉たちに本書を捧げます。
そしてバーソロミューの思いやりと粘り強さに深い感謝の念を捧げます。

日本の読者のみなさんへ

本書は、一九九二年にアメリカ人とオーストラリア人の小グループが日本とインドへ魂をゆさぶる旅に出かけたときの物語です。わたしたちは京都に着いたとたんに、この町が世界でももっとも聖なる土地のひとつに数えられている理由がわかりました。ひっそりと建つ小さなお寺に早朝の散歩に出かけたり、由緒ある荘厳な寺院まで日帰り旅行をしたりしましたが、そうしたお寺にはわたしたちが求めていた静寂や美や力強いエネルギーなどがあふれていました。千年あまりの時間をかけてこのような豊かな精神性に満ちた神社仏閣を造り上げた日本の人々のおかげで、わたしたちはこうして今、忘れられない体験をすることができました。深い感謝の念を捧げます。

本書はあなたのために書かれた本です。〃大いなる光〃や神の存在を感じながら生きたい、偉大なる〃無〃を知って生きたい、〃大いなる魂の故郷〃を見つけたいと願う人々の一助となるように、太平洋の向こうから送られてきました。本書には、こうした魂の旅をつづける人たちが日本を訪れ、あの内なる永遠の魂の故郷に一歩近づいた体験がつづられています。

深い敬愛と感謝の念を込めて
ジョイ・フランクリン
メアリーマーガレット・ムーア

英語版編集者からの一言

バーソロミューに関する書籍の編集者として、本の内容や構成を選択するという喜ばしい責任がわたしにはあります。本書に書かれた旅をしたのはもう七年前（訳注：本書の発刊は一九九九年）になりますが、今でもわたしの心に鮮明に生きつづけています。この旅では、それまでの既成概念を覆され、自分にとっての学びを発見することがしばしばでした。これまでわたしたちが企画したグループツアーの中でも特に肉体的な試練にさらされ、同時にもっとも深い喜びを与えてくれた旅でした。今回の旅の中で起きたさまざまな出来事はバーソロミューの教えの理解を助け、内容を深める役目を果たしてくれると判断し、本書を物語形式にすることにしました。バーソロミューの教えが読者にとってより身近で個人的なものとなり、新しい気づきが生まれることを望みます。

わたしたちと一緒に旅に参加してくれた怖れを知らぬ冒険者たちに感謝します。本書には彼らの怖れ体験や成功物語が包み隠さず描かれており、読者もそうした体験を自分のことのように感じられるでしょう。一人称で書かれている部分はすべてわたし自身の意見であり観察です。スピリチュアルな洞察やユーモアあふれる部分はバーソロミューの言葉です。

困難な状況の中で録音機器を操作してくれたジャスティン・ムーア、そしてわたしのミミズ文字を解読して編集作業を手伝ってくれたフィリス・ジョンソンに感謝します。また、メアリーマーガレット・ムーアはわたしの絶え間ない質問や説明や会見の要求にも辛抱強くにこやかに対応し、いつもユーモアの精神を忘れないでわたしを支えてくれました。心からお礼を申し上げます。

そしてこれまで同様、魂の故郷への帰還を現世で可能なものにしてくれたバーソロミューに深い感謝の念を捧げます。

ジョイ・フランクリン

目次

日本の読者のみなさんへ……3
英語版編集者からの一言……5
登場人物……10
はじめに　11
第1部　決断　19
1 旅行計画……20
2 出発準備……24
3 出発……49

第2部　日本　69

4 空路日本へ……70
5 地下鉄と新幹線とタクシーと……76
6 京都の一日目――バーソロミューの意外な第一声……80
7 京都の二日目――今の瞬間にいることのむずかしさ……90
肉体の言葉　97
プラス思考の実践　107
8 京都の三日目
――裁きの目で見ない。裁きの耳で聞かない。裁きの言葉を発しない。……111
今の瞬間にくつろぐ開放感　123
成功もあれば失敗もある　134
9 京都の四日目――心《マインド》と体と癒し……140
細胞の変容に関する本当にあった話　146
体は最良の友　151
自分に愛の栄養をあたえる　155

見解とは物を見る地点にすぎない　163
誰がいるのかと訊くとき、そこにいるのは誰か　169
豆のビンと感謝の心　181
大きな精神《マインド》と小さな精神《マインド》　187
電磁グリッド——自分の青写真を選ぶ　191
闇を明るみに出す　200
空間の意識　204

10 京都の五日目——別れと夜の観劇……209
最後の寺　216
夜の観劇　219

11 前進……223

訳者あとがき……226

日本語版復刊に寄せて「バーソロミューの思い出」　高木悠鼓……232

【登場人物】

《ツアー企画担当》

メアリーマーガレット・ムーア：バーソロミューのチャネラーであり、今回の京都・インド旅行のチームリーダー

ジャスティン・ムーア：メアリーマーガレットの夫であり、バーソロミューの集会時には録音を担当

ジョイ・フランクリン：「バーソロミュー」シリーズ書籍の英語版（ハイ・メサ出版）編集者であり、今回の旅行記の執筆者

《ツアー参加者》

ジョージ・ウェストモーランド
ラリー&ロバータ・ノックス夫妻
エミー・チェニー
ジム&エレン・ウィリアムズ夫妻
グレタ・ティスデイル
リンダ・ムーア
ダーシー・ソール&シャロン・スウェンソン
ローレル・サンド
エレノア・ヴォーゲル
リー・バルチ
バーバラ・ヴァンキャンプ
パトリシア・モーリー
ジュディス・スモール
キャロリン・レイク（インドツアーから参加）

《ツアー協力者》

ユーコ・タカキ（高木悠鼓）：「バーソロミュー」シリーズの日本語訳を初めて出版したマホロバアート社の代表

ヨーコ・ヒューイ（ヒューイ陽子）：「バーソロミュー」シリーズの日本語版翻訳者

チャイタニャ&ラッセル：インドの旅のガイド兼企画担当

はじめに

本書の出版にあたり、何か書くようにと言われたのですが、いったい何を書いたらよいのかわかりませんでした。そこでまわりの人たちに尋ねてみると、『バーソロミュー3』の出版以後三年間に起きたわたしの変化について書いてほしいということでした。

わたしにとって一番大きな変化は、何といってもバーソロミューのエネルギーが、以前に比べて意識の中により深く浸透したことだと思います。これはわたしだけでなく、まわりの人たちについても言えることです。バーソロミューとともに学んでいる人はもちろんそうですが、ほかのアプローチを使って霊性を高める努力をしている人たちにも同じ傾向が見られます。非常に多くの人たちにとって、いわゆる魂の成長が加速度的に進んでいるようです。これは目に見えない次元からのエネルギーや地球の人々の努力のおかげです。深く感謝します。これまでの経験を通してわたしが学んだのは、困ったときにはエゴの殻から抜け出して心を静め、謙虚に心を開いて待っていると、必ず助けがやってくるということです。

わたしの魂の進化には、日本とインドへの旅が大きく貢献したと思います。バーソロミューのチャネリングを始めるずっと以前から、わたしは禅の勉強をしていましたが、今でも禅は、地球界でもっとも明快に真理を映し出している鏡だと思っています。そんなわたしにとって、京都の禅寺の庭にたたずんで、禅の真理を体で感じることができたのは何よりもうれしいことでした。また何百年にもわたって日本各地からたくさんの人たちが参拝に来たという山頂の寺院にたたずんだとき、誰もが自然にその土地のパワーを感じることができました。そのエネルギーはまるで自分自身の息のようにわたしたちの体を包み、さんさんと注ぐ太陽の光のように暖かいものでした。わたしたちは涙を流し、笑いさざめき、そして〈静けさ〉そのものになりました。何とも言えない不思議な体験でした。

そしてまた、ヒマラヤの奥深き山中でも、この〈静けさ〉に出会いましたが、それは見つける必要もなければ波長を合わせる必要もありませんでした。ただ雑念と雑念の隙間に横たわる〈まったき静けさ〉のふところにスポッと入るだけでよかったのです。インドの旅は肉体的にも精神的にも極度の困難をともなう旅でしたが、外の世界で何が起こっていようとも、この〈静けさ〉の空間に入ることは常に可能でした。雲の上にそびえるヒマラヤの山腹に立って眼下に広がる世界を見下ろしていると、自分の古い世界を捨てて、太古の昔から変わらずに存在する純粋な意識に目覚めることができそうな気がしてきます。わたしが神の存在や神の恵みをもっとも身近に感じたのは、そうしたヒマラヤの山中での孤独な散策の時間でした。

インドという国は多くの偉大なものを生みましたが、なかでも今世紀または歴史上もっとも偉大な覚者のひとりを生んだ国だと言えます。この覚者とはラマナ・マハルシで、彼は〝大いなる自己〟または神に出会う方法をわたしたちに教えてくれた賢者です。その方法は、自分がこれまで思い込まされてきた自己像ではない本当の自分、今この瞬間自分が体験している真の自己を発見する方法です。「わたしは誰なのか」と自分に問いかけたまま、それには答えず、その瞬間自分の心の内に何があるのかを黙って見つめてみる。そうすると、それまで自分で考えていたこととはまったく違う何か（または無）が見つかると教えます。

ラマナは、彼のところにやってきた人に次のように説明しています。

どうやったら本当の自分を見つけられますか。

本当の自分は見つけるものではない。本当の自分を見つけなければならぬとしたら、本当の自分は今ここにはなく、まだ手に入れていないということになる。新たに手に入れたものは失われるのじゃ。ということは永遠ではないということじゃろ。永遠でないものは努力して求めるだけの価値はない。ゆえに、本当の自分とは見つけるものではない。君が本当の自分なのじゃ。君は

すでに本当の自分なのじゃよ。
つまりどういうことかというと、君は自分が至福の境地にいることを知らないのじゃな。純粋な本来の自己は至福以外の何ものでもないのじゃが、無知のカーテンがかかっておってそれを見えなくしておる。そこで、この無知のカーテンさえ除けばよいのじゃ。無知というのは間違った知識ということじゃな。間違った知識とは、自分とは肉体や精神《マインド》のことだと誤解していることを指す。この誤解を取り除けば、あとは本当の自分が残るだけじゃよ。
こういうわけで、悟りは誰にでも可能じゃ。神を求める者は誰彼の区別なく、みな悟りを得られる。自分は悟りを得ることができないのではないかとか、自分はまだ悟っていない、という考えそのものが悟りを邪魔しておる。こうした邪魔も取り除かねばならんな。

魂の解放を得るにはどのくらい時間がかかりますか。

魂の解放はいつか将来かなうものではない。今ここに、永遠にあるものじゃよ。（注1）

バーソロミューのチャネリングからわたしたちが得たものは数多くありますが、ひとつは、理解しにくい真理の概念をわかりやすく説明してくれたことだと思います。大勢の人から、「バーソロミューのおかげで、ものごとの本質がはっきり見えるようになりました」と感謝されますが、わたし自身も同感です。

たとえばラマナ・マハルシの教えにしても、「わたしは誰なのか」と自問することがなぜ大切なのか、その本当の意味がバーソロミューを通して少しずつ理解できるようになりました。初めは単に、効果的な悟りのテクニックだというくらいにしか理解できませんでしたが、今では偉大な真理だということがわかります。

また、禅の教えに、「ただ座ればよろしい」というのがありますが、これも最近になってやっと本当の意味がわかってきました。これまでバーソロミューのメッセージを伝える仕事を十何年もしてきましたが、意志の力を使わず、ただゆったりと自然体でチャネリングをしているうちに(注2)、こうした理解が得られるようになりました。バーソロミューが聴衆の質問に答えるとき、わたし自身の理解も深まります。バーソロミューを通して〝大いなる愛〟が悩み苦しんでいる人に注がれるとき、真の愛とは何かということをわたし自身も感じることができます。

そして何よりもわたしにとって一番の発見は、わたしたちは誰でも今この瞬間、〝本当の自分〟つまり〝神なる自己〟に目覚め、〝神なる自己〟として生きることができる、ということです。そのために何もつけ加えたり取り除いたりする必要はありません。必要なのはこの瞬間、自分の本質である〝真我〟は常に存在し、いつでも体験することができるのだという事実を受け入れることです。〝真我〟を体験できないというほうがおかしいのです。〝真我〟が自分を離れていったいどこへ行くというのでしょうか。「本当の自分を見つけなくては」と言うことが、まるで理屈に合わない滑稽なことだということに最近やっと気づきました。どこに探しに行くというのでしょうか。誰が見つけてくれるというのでしょう。まったくバカげたことです。そして今ここにいる自分が本当の自分なのだとやっとわかって、どんなにホッとしたことでしょう。バーソロミュー、ありがとう。あなたが誰であれ、何であれ、心から感謝します。

こういうわけで、これまでに起きたことすべてに深く感謝します。また、今回のわたしたちの旅に参加して最後までがんばってくれた人たちやチベットの気さくな料理人にお礼を言います。そしてわたしたちに会ってくださり、この冒険に満ちた旅を実現させてくださったダライ・ラマ法王に心からの感謝を捧げます。もちろんバーソロミューにはこれまで通り、永遠に変わらぬ感謝の念を捧げます。

メアリーマーガレット・ムーア

（注1）デーヴィッド・ゴッドマン著『あるがままに――ラマナ・マハルシの教え』（ナチュラルスピリット）参照

（注2）メアリーマーガレット・ムーアは過去十七年間、バーソロミューと呼ばれるエネルギーをチャネリングしてきた。この方法については、『バーソロミュー』の中で次のように語っている。

「まずわたしは静かに座って呼吸をととのえ、自分の体の中の息を感じるようにします。次に最善の結果が得られるよう、自分の意図を明確にします。そして目を閉じ、一瞬一瞬に意識を集中しつつ、しかもゆったりとくつろいで待ちます。二、三秒すると、わたしの体のまわりと内部にパワーが満ちてきます。自分がもっと生き生きとして、意識が普段よりとぎすまされ、はっきりしてくるような気がします。しびれが取れるときのようなこそばゆい感覚が頭の頂から入ってきて、首や肩を通って胸のところで止まります。自分のまわりの空間は音のない生きた空間となります。その感覚が一定レベルまで強くなると、始める準備ができたことがわかるのです」

第1部

決断

1　旅行計画

ハイ・メサ出版の小さな事務所の網戸をバタンと開けて、メアリーマーガレットが入ってきた。

「あーあ、オーストラリアもダメ。ニュージーランドもダメ」

ショルダーバッグと抱えていた書類をソファの上に投げ出すと、履いていたブーツを勢いよく蹴って脱いだ。

「今見積もりを受け取ったんだけど、ニュージーランドからインドまでの飛行機代が高すぎて無理だわ。バリ島にはもう行ったし。タイのお寺巡りは真夏じゃ行く気がしないし」

メアリーマーガレットは蜂蜜色の長い髪を垂らした背の高い女性で、生き生きとした青灰色の目がとても魅力的だ。しなやかな動きの中にも強健さが感じられるのは、ハワイの海を泳いで育ったからだろう。

わたしはこの二時間に三通もの手紙をタイプしたところだったので、仕事を中断されるのを喜んだ。インド旅行の計画がどんなふうに進んでいるのか早く聞きたかった。

「その地域は、ほかにどんな国があるの？」とわたしは尋ねた。

「シンガポール、台湾、ニューギニア……えーっと……」彼女はそうつぶやくと、「ねえ、世界地図ない？」と訊いた。

わたしは事務所にある物を頭の中で調べながら、窓の外に目をやった。ここニューメキシコ州は米国の南西部にあたり、メサと呼ばれる赤い岩盤が起伏をなして独特の風景を生んでいる。そのメサに春がやってきた。先日の雨に洗われて空気が澄みわたり、サルビアや常緑樹のビャクシンの香りが漂ってくる。朝日が谷間に薄い影を作って、タオスの町はようやく目覚めつつあった。これから五カ月後にわたしたちはインドのヒマラヤへ出かけ、そこでダライ・ラマ（注3）のカーラチャクラ灌頂《かんじょう》（注4）をいただけるなど、まだとても信じられない。

この旅行は一年半前から計画しはじめ、今ようやく実現しそうになってきた。ただし、インドのほかにもう一カ所訪問国を見つけなくてはならない。わたしは手元の問題に意識を戻した。地図か地球儀か何かないだろうか。何かあるはずだが……。

「あった！」とわたしは叫んで、座っている椅子を押しのけた。

「パズルよ」

「パズルよ」とメアリーマーガレットも繰り返した。

「そうよ。確か学校の授業用に買ったのがあったわね。どこにしまったか、わかってる」

やがてわたしたちは机の上にパズルのピースを広げた。ピンクの中近東、空色の極東、黄色のミクロネシア。

「インドはどこ?」と訊いてから、「というより、デリーはどこよ?」とつけ加えた。

「ほら、そこ。アフリカの右上」。メアリーマーガレットはピンクの大きなピースを指さした。

わたしはそこにある国々を見回しながら、「うーん。あんまり可能性ないみたいだな」と言った。

「もっとも……、中国か日本に行くなら別だけど」

わたしは空色のピースをそっと引き寄せると、小声でつけ加えた。

わたしたちは顔を見合わせた。メアリーマーガレットはわたしが日本に行きたがっているのを知っていたし、七年前に日本行きを計画してお流れになったときのわたしの落胆ぶりもおぼえていたので、にっと笑った。

「日本なら行けるかもしれない。インドに行く途中、シンガポールに寄ることになってるし。東京にも寄るんじゃなかったかな」と彼女は言って青い目を輝かせ、「日本は霊性の高い国だものね」とつけ加えた。

「でも日本も夏はものすごく暑いわよ」。わたしはまた失望させられるのが怖くて、一応反対してみた。

「そうね。でも七月だったら、どこに行っても暑いのは同じでしょ」と彼女は答えた。

彼女はいつもの癖で頭を後ろに振ってふさふさとした長い髪を顔から払いのけると、わたしのほうにまじめな顔をして向き直り、「旅行会社のツアーは高すぎて手が出ないから、わたしたちで手配しなくちゃ。手伝ってね。安く泊まれるところも見つけなくちゃいけないし」と言ってから、ふふっと笑った。

「それに安く食べられるところも。それから日本国内での交通手段もね。あんまり準備の時間が残ってないけど、できる？」とわたしの目を見て尋ねた。

わたしはふーっと息を吐いた。日本へ行くという長年の夢がやっとかなおうかというときに、これしきの問題に邪魔されてなるものか。

「ほんとに行けるの？」とわたしは訊いた。

「もちろんよ」

わたしはもう迷わずに、「喜んでやるわ」と答えた。

「じゃ、よろしくね」。彼女の許可が出ると、わたしたちはパズルをこわして片づけた。

（注３）ダライ・ラマは「叡知の大海原」という意味で、現在亡命中のチベット民族の精神的指導者を指す。
（注４）最高奥義のタントリック・ヨガを実践する許可をチベット人にあたえる儀式で、四日間から六日間つづく。

2　出発準備

四週間たって、計画が少しずつかたまってきた。日本国内を移動すると高くつくので、一カ所に滞在することに決めた。わたしたちは東京に降り立って、帰りは大阪から出発することになっていたので、その両都市から交通の便がよいところが望ましい。それに日帰り旅行もしたいから、観光地がそばにあったほうがいい。

そこで、日本の古都であり、現在も文化や宗教の中心である京都の街を選んだ。メアリーマーガレットは京都の禅文化に惹かれていたし、わたしは昔学校で勉強したことのある寺院に行けるというのでうれしかった。

日本では鉄道がもっとも手頃で時間もかからないというので、新幹線を使うことにした。京都のホテルは、手元の資料をもとに、冷房設備（必要不可欠）やホテル内レストランがあって（外でレストランを見つけられない人のために）、洋式の部屋が人数分あり、街の中心にあって、ファックス機が備わっていて（大いに活用した）、その上これが一番重要なのだが、予算内で泊まれるところを見つけた。次に旅行案内書をいくつも読んで、京都の食べ物やレストラン、値段などについて調べた。

この時期のわたしは、有頂天になるかと思えば、どうしようもなく不安にかられたり、自信満々だったり、次の瞬間にはおろおろしたり、気分が不安定だった。本当に実現できるのだろうか。メアリーマーガレットと彼女の夫のジャスティンとわたしの三人で、十七人もの人を連れてアメリカとは何もかも違う国を旅行できるのだろうか。楽しい旅行になるだろうか。


網戸がバタンと閉まる音がして、メアリーマーガレットが事務所に入ってきた。腕いっぱいに荷物を抱えている。

「すごいニュース！　最高よ。ダライ・ラマのカーラチャクラ灌頂《かんじょう》をいただけそうなの」と大きな声で言うと、バッグから大型の本を取り出した。

「カーラチャクラ灌頂《かんじょう》って、いったい何なの？」

「すごいパワーのある儀式だけど、少なくとも西洋人にはちょっとわかりにくい儀式みたいね。それについてちょっと調べてみたんだけど」と言いながら、彼女も椅子に腰かけてめがねを取りだすと、本を開いて、「ここにこう書いてあるわ」と読みはじめた。


「仏陀とはあらゆる苦悩や無知を克服した覚者で、ほかの人間にその方法を教える者である。

人間はそれぞれ気質や能力が異なるので、仏陀が教える苦悩から解放される道や全知全能、完全覚醒の仏陀への道もひとつではなく、数多くある」

「カーラチャクラ灌頂《かんじょう》はそうした方法のひとつで、悟りを開いた釈迦牟尼が人々に教えた秘法である。釈迦はカーラチャクラ瞑想の神として人々の前に姿を現して、この新しい方法を人々に教え聞かせた」（注５）

「わたしの胸から輝き出た光がカーラチャクラ――父なる神と母なる神――として清められ、弟子たちを一人ひとり引き寄せる。彼らはわたしの口の中に入り、母なる神の膝の上でとろける」（注６）

「それからこれも」と彼女はつづけた。

「わが子よ、ここへ来なさい。偉大なる秘密のマントラの実践法を残らず教えてあげよう。お前は偉大なる法を受け取る者なのだよ」

彼女は目を上げて言った。

「導師は弟子のことを親しみを込めて〈わが子〉とお呼びになるの」

「とても感動的な文ね」とわたしも心を動かされて言った。

メアリーマーガレットは本を閉じると、「灌頂《かんじょう》の目的は、人間の本質は〝空《くう》〟であることを悟らせることだと思うの。実際、それはイメージ法を使ったイニシエーションなのよ」と言った。

「人が心に思い描いたものがカーラチャクラ神の姿だということ。参加者全員が儀式用に砂で描かれた神のマンダラを見ることは不可能だから、導師は、この場合はダライ・ラマだけど、カーラチャクラのマンダラを言葉で描写して、人々がイメージに描けるようにしてくださるのね。儀式のたびに、色つきの砂で大きなマンダラが描かれるんだけど、それはもう実に手の込んだ模様だという話よ。でも儀式が終わると、マンダラは流水につけて、消されてしまうの。わたしたちの場合は、サトレジ川につけられるわけ」

「その儀式にもうすぐ参加できるなんて不思議な気がするわ」とわたしは言った。

メアリーマーガレットは椅子から立ち上がると、持ってきた書類の束をかきまわして何枚かの紙片を選び出した。「これ、チャイタニャからの手紙なの」と言って、ソファに座りこむと、手紙を読み上げた。


ダライ・ラマはヨーロッパからカルパに直行されます。ですから法話の正式な日程はまだ決まっていませんが、これはよくあることです。ダライ・ラマはカーラチャクラ灌頂《かんじょう》の前に少なくとも三日間ほど法話をなさいます。法話は迫力があって深く考えさせられる内容で、バーソロミューに似ていますので、みなさんも気に入ると思います。仏教を信じているかどうかはまったく関係ありません。というのも、法話は人間の意識のレベルに関することだからです。人生の出来事に無知から反応するのではなく、真理を知っていかに対応するかを教えてくださいます。三日間の法話のうち、一日は空《くう》についての教え、もう一日はあらゆる生物と物質がいかに密接に結びついているかという話になるのではないでしょうか。これはわたしの経験にもとづく想像にすぎませんが、どちらにしてもすばらしい法話になるはずです。いつもそうですから。ここではあまり詳しく説明しないことにします。というのもわたしの限られた体験にもとづいてお話ししてしまうと、せっかくのすばらしさがダメになってしまうからです。ただ、基本的な流れだけ説明しますと、次のようになります。

カーラチャクラ・タントラは女性性のタントラです。どういうことかといいますと、男性性のタントラが方法論を強調するのに対して、叡知を強調するからです。ダライ・ラマはみずからをカーラチャクラとなし、参加者を祝福して清め、参加者に力を授けます。こうして参加者の全員がカーラチャクラとなります。もちろんこのためには時間も長くかかり、多くのマントラも必要となります。真のカーラチャクラになるためには、日常性をいっさい捨て去る必要があります。ヒマラヤの山奥で大勢の僧侶や尼僧やチベット人求道者たちに囲まれていると、日常性を捨てるのもそれほどむずかしくはありません。チベットの人たちはとても陽気で気さくです。それに頭がぼーっとして現実離れしてきたなと思うころに、ドラやチベット笛が鳴り響き、シンバルが叩かれ、大きな笑い声が聞こえて、お茶が供されるという具合で、いったいこれは秘法の儀式なのか、それともどんちゃん騒ぎなのかわからなくなる、といった調子です。


ここまで読んで、メアリーマーガレットは声を上げて笑った。

「わたしたちにぴったりの儀式みたいね」とわたしも同意した。

彼女は便せんをめくると、「ちょっとここのところ、聞いてよ」と読みはじめた。


六月の初めころから、チベット人やブータン人やラダキ人、ラハウル・スピチやキナウルの奥地に住む人たち、チベットの遊牧民たちがやってきて、屋台や出店を設営し、民宿を開業します。こうして宗教的な儀式と商取引が同時進行します。チベットのお祭りはどれもおもしろいですが、ダライ・ラマが執り行われる儀式はなかでも一番おもしろいです。


「チャイは今どこ?」

わたしがそう尋ねると、メアリーマーガレットは手紙から目を離した。

「デリーよ。この手紙に、デリーからカルパまでの行き方が書いてあるわ」と言って、便せんを

また めくると、読みはじめた。

　デリー空港に到着後、出迎えの冷房バスに乗って、ニューデリーの町の中心にある冷房付き一流ホテルに向かいます。部屋はバストイレ付きのツインで、ホテル内には荷物預かり所もあります。二軒あるレストランのうち一軒は高級インド料理店で、インド音楽の生演奏も聴くことができます。翌朝七時半にデリーを発って空路シムラに向かいます。シムラはイギリス統治時代にできたリゾートタウンで、モンスーンも来ない小綺麗な町です。そこに一泊して、翌日マイクロバスで標高三千メートルのナーカンダに向かいます。途中の山道もすばらしい眺めですが、ナーカンダからは内ヒマラヤを一望でき、絶景です。そこからはヒンドスタンとチベットを結ぶ古来の道にあるサラハンにまず行きます。サラハンはキナウル地方やカルパへの入り口です。カルパはチベット国境に近い聖なる地で、標高六千七百メートルのキナウル・カイラス山が右手にあり、左手にも同じくらいの高さの山がそびえています。また足下にはサトレジ川が流れています。カルパでは大型の軍用テントの中で寝ます。昨年九月までは西洋人はこの地方に入れませんでした。誰も行ったことのない地方に旅行できるのはすばらしいことですが、何もわからないので旅行計画が立てられません。そこで積雪が少なくなったら、ラッセルといっしょにカルパまで行って宿泊施設を確認したり、土地の歴史を調べたりしたいと思っています。

灌頂《かんじょう》が終わったら、ラッセルとわたしはラハウル・スピチ経由で帰るつもりです。ロタング峠を越えてマナリに出ます。わたしたちといっしょに来たい人はどうぞそうしてください。それから、薄手のレインコートにガムブーツ、折り畳み傘を持ってくるように。そうすれば、どんなお天気でも大丈夫でしょう。ついでに、寝袋と歩きやすい靴も忘れないでください。飲み物はペットボトルの水だけにし、食べ物は生ものは避け、調理したものと果物だけにします。

ではまた。

チャイタニャとラッセルより

「ガムブーツって何のこと?」

メアリーマーガレットはファックス用紙とめがねをしまうと、「長靴か雨靴みたいなもんじゃない? 足がぬれないように履くんでしょ。山の上に着くまでは雨が多いそうよ」と答えた。

「デリーでは暑くて、カルパでは寒いんじゃ、全天候型の装備がいるわね」

「そうね。チャイからまた詳しい手紙が来ると思うけど。それから、この二日間、このファックスをチャイに送ろうとしてるんだけど、通じないの。仕方ないから、オーストラリアにいる彼女の友人のポール・ティッパー経由で送ろうと思うの」

一九九二年三月二十三日
インド
ダラムサラ郵便局付
チャイタニャ様

情報が盛りだくさんの詳しく長いファックスをありがとうございました。新しい日程に変わってから、以前申し込んでいた人たちが全員また申し込みましたので、参加者は二十人になります。デリーに来る前に、アメリカ人グループは日本に一週間滞在します。オーストラリアのグループは多分日本には興味を示さないと思いますが、一応訊くだけは訊いてみるつもりです。グループの中には、あなたといっしょにカルパに残ってハイキングをしたいという人もいると思います。わたしもできたらそうしたいのですが、その週末にはアルバカーキでバーソロミューの集会があるので、残念です。

あなたたちオーストラリア人がインドに旅行したときにどんな予防接種が必要だったか、ファックスでお知らせください。世界保健機構（ＷＨＯ）がさまざまな予防接種をすすめていますが、できれば全部はしたくありません。本当に必要な予防接種はどれですか。あなたはどの予防接種を受けましたか。ＷＨＯがすすめている予防接種は、マラリア、腸チフス、コレラ、破傷風、ポリオ、はしか・おたふく風邪、風疹、脳髄炎です。いくら何でもあんまり多すぎますよね。あなたのグループは去年の夏、どの予防接種を受けましたか。

質問です。飲料水の消毒用にヨードを持参する必要がありますか。それともペットボトルがどこでも買えますか。女性もズボンやジーンズを履いてもいいですか。服装に関して何か特別の習慣などがありますか。ヒマラヤ地方の寒さはどの程度でしょうか。

カルパでは全員が寝袋を持参したほうがいいでしょうか。必要なら座布団代わりにも使えますし。テントでは寒すぎるのではないかと心配です。寝袋があればテントでも大丈夫だと思いますが、どうでしょうか。テントにはどんな寝具があるのかわかりますか。それとも寝袋の中で寝るつもりでいたほうがいいですか。折り畳み式のベッドだと寝心地が悪いので、薄いマットレスを持ってきたほうがいいですか。灌頂《かんじょう》をいただくときに座るのにもマットレスがあったほうがいいですか。両方にマットレスがあったほうがいいでしょうか。

わたしの知っている限り、参加者の中で、正式に仏教者となったのはわたしひとりですが、禅の勉強をした人はたくさんいます。また、ダライ・ラマもよくご存じのベトナムのティック・ナット・ハン和尚の仏教の教えを勉強した者もたくさんいます。参加者全員が瞑想を習慣としており、覚者の教えも読んでいます。こういう事情ですので、ダライ・ラマの謁見が得られることはこの上ない光栄です。この実現のためにあなたが努力してくださっていることを全員心から感謝しています。その実現を可能にするカルマがわたしたちにあるかどうか、もうすぐわかりますね。運を天にまかします。

今はこれくらいです。あなたとラッセルのご協力に心から感謝しています。一生忘れられない旅行になることでしょう。参加者への手紙にあなたからの手紙の言葉を引用するつもりです。あなたと同じくらいすばらしい言葉ですから。

重要事項！　今わかったのですが、灌頂《かんじょう》のあと、あなたたちといっしょに旅行したいと希望している人が何人かいます。ただし、八月二十五日までにデリーを出発しなければいけないそうです。あなたとラッセルの旅行予定を、簡単でいいですから、できれば今日、折り返しファックスでお知らせください。

愛と感謝を込めて
メアリーマーガレット

わたしは何度もダラムサラにファックスを送ろうとしたが、まったく通じなかった。あちこち動き回るチャイに連絡をつけるのに、結局オーストラリアのポール・ティッパー氏と彼のファックス機が必要不可欠な存在となった。ポールはわたしたちの出発前日まで連絡の要となって活躍してくれ、その後、オーストラリアからのグループの一員としてわたしたちとデリーで合流した。交通手段や宿泊施設や日程はほぼ毎週のようにコロコロ変更され、そのたびにファックスが頻繁に行き来した。

ときにはアメリカ人参加者への旅行案内や情報もファックスで流された。

一九九二年四月三十日
メアリーマーガレットより旅行参加者のみなさんへ

長いことお待たせしましたが、やっと日程が決まりました。ロサンゼルスから東京に向けて七月二十七日に出発し、帰りはロサンゼルスに八月十九日に戻ってきます。延長滞在する方は八月二十六日にロサンゼルスに戻ります。

［日本］
日本での国内旅行は鉄道を使います。日本の鉄道は世界のトップクラスですが、荷物を置く網棚は世界でも最小のスペースです。座席の下に荷物を置くこともできますが、これは飛行機の座席の下よりも狭いスペースです。そこで荷物をどうするかという難問に対して、次の解決法をおすすめします。

・荷物

荷物はすべて布製の旅行バッグに入れてください。中型の旅行バッグ二個にバックパック一個がおすすめです。電車の停車時間が短いので、両手に荷物を持ってさっと動けるよう、バックパックをおすすめします。ちなみに、かの有名な新幹線の停車時間はたったの百二十秒です。その時間内で荷物といっしょに乗り降りをする必要があります（でも心配ご無用。そのための作戦を用意しています）。安全のため、荷物はなるべく目立たない地味なデザインを選んでください。もっとも日本では盗難に関してはそれほど心配する必要はありません。

成田空港には火曜日の午後五時半前後に到着します。一日目は空港から五分のところにあるホテルで一泊します。空港への往復は荷物も含めホテルのシャトルバスが利用できます。みなさんの到着後の疲労を考慮してこのような日程にしました。水曜日の朝、空港まで戻って超過荷物を京都まで送りだしてから、地下鉄で東京まで行き、新幹線に乗ります。京都までは三時間足らずです。

・天候

七月の日本の天候はまったく〝惨め〟です。そのための準備が必要です。ホテルは冷房設備があります。昼間はなるべく涼しいところへ日帰りで行く予定です。蒸し暑く雨が多いので、折り畳み傘と薄手のレインコートが必要です。袖なしのブラウスと長めの半ズボンがいいでしょう。ただし、日本でもインドでも多くの聖地や寺院などを訪問するので、極端に短いショートパンツやおへその見えるタンクトップなどは避けましょう。お寺の砂利道を歩くのでサンダルの他にスニーカーも持ってきてください。

・食べ物

日本旅行の楽しみのひとつは何といっても食べ物でしょう。ジョイにとって日本の食べ物は大いに関心のある分野ですので、詳しく調べてくれました。食べ物の注文の仕方や値段などについてジョイがまとめたものを、のちほどお渡しします。食事の予算としては、贅沢をしなければ一日二十五ドルの範囲内で食べられます。食事に関しては非常に柔軟に対応していきたいと思います。日本では食べ物や飲み水の安全性や衛生面での心配はまったくありません。

［インド］

午後九時半にニューデリーに到着し、翌朝早くシムラに向けて出発します。現在のところバスでの移動だと理解しています。バスは貸し切りバスを使います（みなさんホッとしたのではありませんか。大量の荷物を抱えてインドの汽車に乗るところを想像してみてください）。

・予防接種

　チャイは次の予防接種をすすめています。コレラ（二回必要で、一回目を六月二十二日ごろ、二回目を七月二十日ごろにしてください。五カ月間有効で、防止率は五十パーセントです）、破傷風とジフテリア混合接種（八～十年有効）、腸チフス（ガイドブックによって有効期限が違います。三年有効というのもあれば、五年有効という本もあります。医師に尋ねてください）。また、わたしたちの意見では、ガンマグロブリン注射は絶対必要だと思います（肝炎を予防。出発の一週間前に受け、四カ月間有効です）。チャイによるとマラリアは心配ないそうです。

・天候

　デリーは蒸し暑いので、日本で使った服装や雨具をそのまま使えます。ヒマラヤでは、厚手の冬のジャケットが要ります。それに懐中電灯と新しい電池。これはとても重要です。ハイキングブーツ、厚手のソックス、絹か保温性の高い肌着の上下、日よけ帽、厚手のウールの帽子やマフラーなども不可欠です。日焼け止めクリームやサングラス、虫よけスプレーなどもあると便利です。高地では気温の差が激しいので、重ね着がおすすめです。日本から持ってきた荷物で不要なものはニューデリーのホテルに預けておくことができます。

・食べ物

　水漏れのしない水筒を最低一個、絶対に忘れないでください。チャイの話によると、ペットボトルはどこでも買えるそうです。チャイがツアーを組んだ団体はわたしたちで三回目ですが、これまでの参加者で食べ物が悪くて病気になった人はひとりもいないそうです。チャイはどこで何を食べれば安全か知りつくしていますので、ご安心ください。インドでは一日十五ドル以下でおいしい料理をたっぷり食べられます。

全員寝袋が必要です。気温零下五度まで使える寝袋があれば充分です。こうしたかさばる荷物を持ち歩くのは大変ですので、次の方法で処理したいと思います。ロサンゼルス空港に到着後、ジョイに寝袋を預けてください。ジョイが超大型のダッフルバッグを四個持参しますので、それに寝袋や余分なものを全部入れて京都まで送り、さらにデリーまで運んでもらいます。ですからロサンゼルスで寝袋を預けたら、あとはインドで引き取るまで、寝袋のことはまったく心配しなくてすみます。それ以前に必要なものは入れないでください。

今回はこれくらいでしょうか。あともう一回連絡しますが、それにはインドのビザ取得に関する重要事項が書かれています。残念ながらこれはみなさんが自分で手続きをしなければなりません。すでにパスポート用写真を何回も送ってもらっているのに、次の文章を書くのは本当に心苦しいのですが、インドの旅行制限区域に入る許可申請のため、白黒またはカラーのパスポート用写真が新たに必要です。パスポート用写真を何回も撮ってもらわなければならないことを大変申し訳なく思います。けれどもヒマラヤの奥地に入って、そこに住む人たちと出会うすばらしい機会を得るために必要なことです。

では次回までサヨナラ（日本語で「グッドバイ」という意味）。

愛と感謝を込めて

メアリーマーガレット

事務所のドアが開いて、冷たい雨と風がひゅーっと入ってきたかと思うと、びしょぬれのメアリーマーガレットが顔を出した。頭を振って長い髪についた雨を振り落とし、片手に抱えた本や書類を落とさないように用心しながらもう一方の手でジャケットの水をはらうと、泥だらけのブーツをポンと脱ぎ捨て、「まったくひどいわね、ここの道。坂がぬかるんで登るのが大変だったわよ」と言った。

わたしは机の書類を片側に寄せて、彼女が書類を置けるようにしながら、窓の外を眺めやった。殴りつけるような冷たい雨が容赦なく降りしきり、気の滅入るような天気だ。

「あと三カ月もしないうちに、汗だくになってこんな天気を懐かしがるような日が来るなんて、信じられないわね。ところで、何の用？」

「参加者への手紙を書こうと思って。これで最後であってほしいわ。制限区域内へ入るためのあのややこしい許可申請書に記入したり、参加者の写真をそろえたりする作業がやっと終わったのよ。それで、ここに来てインドのビザ取得についての手紙を書こうと思ったの。ところでこれが郵便で来たんだけど、あなた、興味あるんじゃないかしら」

彼女は茶封筒をわたしの前にそっと置くと、コンピューターに向かった。封筒を開けると日本語で印刷された小型の本と次のような手紙が入っていた。

一九九二年五月十一日
ニューメキシコ州タオス市
メアリーマーガレット・ムーア様

拝啓
日本で精神世界関係の書籍を出版しているマホロバアート社代表の高木悠鼓氏に代わりまして、バーソロミューの『I Come As A Brother』の日本での翻訳出版権の取得に関して、お手紙を差し上げています。

マホロバアートは東京近郊に事務所を持つ小規模の出版社で、精神世界の書籍の出版を通じて日本人の意識の向上に貢献することを目指しています。高木氏自身も著作を行い、昨年はお金に関する本を著作出版いたしました。

わたしはシアトル在住の日英翻訳家で、この分野で二十年あまりの経験を持っています。わたしは日本で生まれ育ち、東京の女子大学を卒業後、一九七一年に米国に留学し、ジョージタウン大学より言語学の修士号を取得しました。米国生活も十七年にわたり、両国の言語や文化に精通しています。

わたしは、精神世界の勉強を通じて学んできたことを日本の人々にも知ってほしいと強く願うようになりました。わたしにとって翻訳の仕事は、英語の言葉を日本語に置き換える作業ではなく、むしろ英語で表現されたメッセージを消化して理解し、それを日本語で表現し直すという、チャネリングのプロセスに似たものです。翻訳者は翻訳される本の共著者となるわけですので、翻訳者がどれだけ内容を理解しているかが大変重要になります。したがって、わたしがバーソロミューの本を理解し、ぜひ日本に紹介したいと願っていることが、この本の翻訳作業に貢献することと信じています。

日本では精神世界の書籍、特にチャネリングの本はまだ数に限りがあります。セスもマイケルもなければ、奇跡のコースやラムサもまだ出版されておりません。何よりも、バーソロミューの本がまだ翻訳されておりません。

バーソロミューからはあふれる愛が感じられ、人間の感情に精通した現実的なアドバイスはわかりやすく、例も身近で、理解を助けてくれます。誘導瞑想やエクササイズもすばらしく、実践しやすいものです。高木氏もバーソロミューの本を高く評価し、ぜひ日本で出版したいと言っております。仏教や東洋思想に造詣が深いバーソロミューのメッセージは日本人の心に訴えるものがあると高木氏もわたしも確信しています。

『I Come As A Brother』の日本語訳の出版権を許可してもよいとお考えでしたら、ぜひわたしのほうまでご連絡ください。また出版社や出版計画に関してご質問があれば、どうぞお問い合わせください。お返事をお待ち申しております。

敬具

ヨーコ・ヒューイ

「ああ、びっくりした」と叫びながら、わたしは胸の高鳴りをどこかで感じていた。

「バーソロミューの本はまずドイツ語に訳されたでしょ。そして今度は日本語というわけね。わたしたちがもうすぐ日本に行くというのは偶然かしら」

わたしは椅子に深く腰を下ろすと、送られてきた日本語の本を手にとってパラパラとめくった。

「おもしろいと思わない？　世界中にこれだけたくさんの国があるのに、よりによってアメリカと戦争した二カ国がバーソロミューの本を翻訳したがってるってこと」

コンピューターのキーボードの音が止んだ。メアリーマーガレットは回転椅子をくるっと回して机に向かうと、わたしのほうに身を乗り出し、「この二カ国にとって、バーソロミューのエネルギーが大きく貢献できるのかもしれないわよ」と静かな声で言った。

「昔敵同士だった国でも今度は友好国になれるということね。こうして癒しが起こるわけ。すばらしいチャンスだとも言えるし、大きなチャレンジだとも言えるわね」

「とにかく、わたしは本を日本語に翻訳することに百パーセント賛成よ。それにこうしたことは偶然ではないと信じてるから。すぐに返事の手紙を書くわ」と言ってから、わたしは思い直し、「それより電話するわ」と微笑んだ。

メアリーマーガレットは軽くうなずくと、手紙をタイプする仕事に戻った。わたしはお茶をいれに席を立ち、蜂蜜とミルクを少々加えた紅茶と水を抱えて机に戻った。頭の中ではヨーコ・ヒューイからの手紙を読んだ後の興奮がまだ渦巻いていた。これが実現したらどうなるだろうか、とさまざまな夢を描きはじめたが、「それは実現してからのこと。今は今のことだけ」と自分を叱った。

メアリーマーガレットはタイプを終え、参加者への最後の手紙を印刷しているところだった。手紙を読み返しながら、旅行許可証やビザや写真の請求などの延々と続く手続きがいっさい終わったらどんなにスッキリするだろうとふたりで話し合った。

しかし手紙に書かれたビザの手続きの複雑さに、わたしは吹き出しそうになった。

一九九二年五月十五日

この団体旅行に参加するみなさんに、実に八十七通目のお手紙を差し上げることになりました。

この手紙の主な目的は、インドのビザを申請するために必要な手続きをお知らせすることです（日本はビザを必要としません）。

まず申請書のパートAをご覧ください。こちらのほうですでに記入済みの部分もあります。第十八項は、こちらのほうで記入しましたので、何も書き込まないでください。カルパやマナリなどと余分な地名を記入しないでください。第十九項は、第一グループは八月十八日に出国し、第二グループは八月二十五日に出国します（年号を記入するのを忘れないように。わたしの経験では、役人は何かというと書類にケチをつけたがるようです）。

一、書類を記入する際は楷書ではっきりと書くかタイプしてください。旅行会社からの手紙を同封していますので、申請書に添付してください（一般的ガイドラインの観光ビザ申請時の必要事項Cを参照）。ガイドラインのGによると、一カ月の観光ビザというのは発行日から一カ月ということですから、わたしたちは一カ月のビザは取れません。インドでの実際の滞在は二〜三週間にすぎませんが、観光ビザは六カ月のを申請しなくてはなりません。申請料は二十五ドルです。わたしたちの経験によると、パスポートを送り返してもらう際、三ドル余分に支払って書留便でパスポートを返送してもらうほうが、普通便よりもはるかに安心で確実です。ですから二十八ドルの小切手（銀行小切手か郵便為替か旅行者用小切手）をインド総領事宛に送ってください。この手続きはなるべく早くしてください。何かの事情でパスポートが失くなったりした場合に、今ならパスポートを再申請する時間があります。

二、考えるのも恐ろしいことですが、わが国の優秀なる郵便制度においても郵便物が紛失することがあります。こうした事態が起きてパニックになるのを避けるために、パスポートを領事館に郵送する前にパスポートの写真と署名があるページをコピーしておきましょう。こうしておけば、事故の際にパスポートを速やかに再発行してもらえます。ビザ申請後二週間たってもパスポートが返送されてこない場合には、ただちに領事館に電話して問い合わせてください。

三、ジャスティンとわたしは五月二十日までヨーロッパにいますので、緊急の連絡はジョイにしてください（わたしがそう言ったことはジョイには内緒にしておいてください）。

では今日はこれくらいで終わります。

愛をこめて

メアリーマーガレット

仕事を終えて、メアリーマーガレットは帰っていった。わたしは珍しくワクワクしながらヨーコ・ヒューイの電話番号を回した。

ヨーコへの電話を終えるとすぐ、今度はメアリーマーガレットに電話した。

「あなた、絶対信じないわよ」

「信じるわよ。どうしたの？」と彼女は落ち着いた声で答えた。

わたしはこれから話そうとする内容の不思議さに自分でも驚いて、一瞬たじろいだ。

「彼女、わたしたちと同じころ日本に行くんだって」と言って、わたしは一息ついた。

「それだけじゃなくてね、わたしたちと同じ日に成田に到着して、彼女も成田に一泊するんだって。そして京都の近くに行くから、わたしたちと京都で落ち合いたいって」。勝ち誇ったようにそこまで言い終わると、この奇跡がまだ信じられない気がして、口をつぐんだ。

何年か前にわたしが計画した日本への団体旅行は準備も簡単で旅行先も興味深いものだったが、実現しなかった。今度もまたわたしは、電話したりファックスを送ったり手紙を書いたりあれこれ心配したりしながら、日本旅行を準備してきた。京都以外の土地に一泊旅行をしたいと思ったのだが、日本側と連絡が取れず、予約ができない。いくらか日本語を話すという旅行社の社員が直接日本に電話してみてくれたが、ダメだった。出発日も近づいて時間がなくなってきたので、代替策を考えなくてはいけないと思っていたところだったが、その代替策がまったく思いつかなかった。そんなわけで、ヨーコからの手紙は天の助けだった。こうした物思いにふけっていたわたしはメアリーマーガレットの声ではっとわれに返った。

「すばらしいじゃない」と言う彼女の声には安堵の色が濃かった。

「ということは、わたしたちの旅行はうまくいくということよ。このところちょっと障害物にぶつかってたから、大丈夫かなって心配してたけど、助けの手が伸びてきたみたいね。ヨーコ・ヒユーイとマホロバアート、ありがとう」

（注５）ゲシェ・ナワン・ダーグェイ著『カーラチャクラ灌頂入門』（ディア・パーク／邦訳未刊）より
（注６）ジェフリー・ホプキンズ著『カーラチャクラ・タントラ』（ウィズダム出版／邦訳未刊）より

3　出発

事務所の電話が鳴って、ちょうど電話を取ろうとしたら切れた。午前七時半。仕事の電話にしては早すぎる。わたしは受話器の上に手を置いたまま、机のそばで待った。電話がまた鳴った。

「もしもし」とわたしは電話を取った。

「京都トラベラーズ・インの予約が取れたって、知らせが入ったところよ。これで京都でのホテルの問題は解決したわ。おはよう」とメアリーマーガレットの満足した明るい声が聞こえてきた。

「おはよう」と自動的に挨拶を返すと、私は尋ねた。「空港近くのホテルのほうはどうなった?」

「そっちの問題も片づいたようよ。ホテルは高いんだけど、一部屋に三人泊まれるそうだから、一人分の費用はかなり安くてすむわ」

「ああ、よかった」。わたしは椅子に座り、机に足を乗せた。

「アメリカを出て、一日中飛行機に乗って、やっと成田に着いたと思ったら、すぐ見知らぬ東京まで行ってホテルを探し、次の日の朝、今度はまた電車の駅を探さなきゃいけないとしたら、わたしたち、頭が混乱してしまうわ」。わたしはそこで一息つくと自分の言葉を反芻して、「わたしはそんなの、ゴメンだわ」と言った。

「大丈夫よ。その心配はご無用」とメアリーマーガレットは笑いながら言うと、「ところでレールパス（周遊きっぷ）はどうなった？」と尋ねた。

「いい知らせと悪い知らせの両方よ。レールパスは日本のJRセンターで受け取らなければいけないんですって。空港の地下のどこかにセンターがあるらしいの」。わたしは空いたほうの手で、小さくて丸っこい飛行機が鼻をクンクンならしてレールパスを嗅ぎまわっているところをいたずら描きしながら答えた。

「そんなことじゃないかと思ってた」とメアリーマーガレットはため息をついた。

「ジャスティンとわたしが一日早く到着することになっていて助かったわ。空港からホテルまでのバスの件を調べて、ついでにJRセンターも探しとくわ。いい知らせって何？」

「レールパスの引換券が昨日の午後宅配便で届いたの」とわたしは説明した。

「よかった。でもそれはあなたが持ってきて。オーストラリアでワークショップをするあいだ、あちこち動き回るから、わたしが持っていると失くすかもしれないし」

「わかった。レールパスを受け取るとき、成田から東京までの電車の予約もしといてくれる？」

わたしは電車の問題から話がはずれないようにつづけた。

「朝のラッシュは避けたいけれど、京都にあまり遅く着くのもいやだから、なるべく早い新幹線に乗りたいわね。東京駅でちゃんと新幹線のホームを探せるかどうか、ちょっと心配だわ。東京駅は広いので、迷ったりする場合を考えて乗り換えの時間を充分取っておいたほうがいいって、ヨーコが言っていたわ。わたしたち、成田駅から京都のホテルまでちゃんと行けたら、あとは市バスでも電車でもタクシーでも、お茶の子さいさいなんじゃないかしら」

メアリーマーガレットの同意する声を聞きながら、わたしは椅子の背に深くもたれた。そして心の中で、成田から東京までと東京から京都まで、そして京都駅からホテルまで、人間と荷物をどう移動させるかというわたしたちの計画をもう一度点検した。わたしはこれまで鉄道やバスの時刻表を何度調べたことだろう。頭の中で時刻表の英語の文字と意味不明の象形文字がごっちゃになってぐるぐる回っていた。

「そしてね、チャイが言うには、カルパでジョージはダライ・ラマの主治医に診てもらえるんじゃないかって。もっとすごいニュースはね、わたしたち、短い時間だけど、ダライ・ラマに特別にお会いできるかもしれないって。九十五パーセントの確率だそうよ」とメアリーマーガレットは勝ち誇ったように宣言した。

受話器の向こうから紙をまさぐる音がした。「ところで、余分な荷物の件はどうなったの？」

「料金さえ払えば別便で送れるそうよ」とわたしは答えた。

「いくら？」

前かがみになったとたん、足が机から落ちて床にぶつかった。

「バッグ一個につき、三十ドルだって！」

「そう。じゃ、わたしたちの〈バート〉は別便で送ってもいいわね。その他に余分な荷物を送りたい人がいたら、それは個人負担でやってもらいましょう」とメアリーマーガレットはなぐさめ口調で言った。

荷物の問題は頭が痛かった。インド旅行用に大量の荷物を持っていかなければならないのだが、日本の乗り物は荷物の収納場所が非常に小さいからだ。その解決策として、〈バート〉と名づけた超大型の黒のダッフルバッグ四個を購入し、寝袋その他を詰め込もうと考えた。それぞれのバッグに、〈バート１〉から〈バート４〉まで名前を刷り込んだ。けれども超大型のバッグを四個も持っていくことにわたしたちは不安を感じていた。「荷物からはどんなことがあっても絶対離れるな」という旅行の鉄則を破ることになるからだ。

「日本の会社がかの有名な能率の良さを発揮して、荷物を無事届けてくれることを信じるしかないわね」とわたしがいうと、メアリーマーガレットも「そうね」とまじめな表情で答えた。「まだまだはっきりしないことがたくさんあるけど、答えを待っている時間もなさそうね。今度の週末はアルバカーキでの月例会だし」

「そのあとの月曜にはもうオーストラリアに出発なのね」と言いながら、わたしは出発日がそれほど近いのに驚いた。

「そうなのよ。じゃまた後でね。バイ」と言って、彼女はあわただしく電話を切った。

「じゃ、また」とわたしも言ったが、電話はすでに切れていた。

＊
＊

七月が特急列車のように地響きを立ててやってきたかと思うと、メアリーマーガレットとジャスティンをニューメキシコから奪い去ってオーストラリアへ連れていった。行ってらっしゃい、と手を振りながら、わたしは心の中で、どうしよう、と慌てていた。旅行の準備はまだ終わっていなかった。東京のタクシー料金は人数で計算するのか、それとも乗客数は関係ないのか、京都から大阪空港までのハイヤーを予約するべきか、レールパスで京都の市内バスに乗れるのかなどを調べるとともに、誰か日本語のわかる人を探してホテルとバス停の名前を二十人分のカードに日本語で書いてもらわなくてはならなかった。しなければならないことが山ほどあって、そのどれもが一筋縄ではいかない難問だった。

わたしは来《き》たる冒険の旅に胸を躍らせてみたり、何も知らない土地に出かけていく不安に押しつぶされそうになったりした。自分の不安を少しでも減らすために、パンフレットをいたるところから取り寄せたのだが、あまりに量が多くなったので、束にして、ロサンゼルス空港で参加者に配布することにした。電車の時刻表や町の地図、京都や奈良の観光案内書、市バスの乗り方、公衆トイレや安価な料理の見つけ方まで、さまざまな情報がそこにはごった返していた。

たまに、宇宙への完全なる信頼に心が満たされて、すべての緊張が解け去り、崇高な気分になることがあった。次々とタイミングよく物事が起きていたので、偶然とは言えない大きな力の働きを感じた。そういうときには、わたしは赤い奇岩の点在するメサに出かけて、どこまでも広がる空や周囲をぐるっと囲む山々を眺めながら歩き回った。そしてサルビアの芳香を胸一杯に吸い込んでは、自分の生きて在るこの瞬間をはっきりと意識した。

しかしそうした拡大された意識の瞬間は前触れなくまた突然消え去り、わたしは不安に息も絶え絶えになりながら意識の闇の中でメサを歩き回るのだった。今、振り返ってみると、その時期のわたしは人生の一瞬一瞬に深く関わって強烈な時間を過ごしていた。普段のわたしなら、物事に一喜一憂しながらもそれに流されていく自分にイライラしたり、どこか無感覚な部分があったりするのだが、この出発前の緊張に満ちた時期のわたしは、意識が目前の瞬間にピシッと集中していた。

わたしは突然何かよいことが起こるような気がした。よい方向への変化がもう起きているという気がした。ヨーコからの電話がその第一陣だった。

幸い、メアリーマーガレットがオーストラリアでの日程と電話番号を残していってくれたので、楽観的なファックスに始まる一連の交信が再開された。

一九九二年七月十三日
ポール・ティッパー様

メアリーマーガレットとジャスティンに大事な伝言があるのですが、どうにかして連絡を取っていただけますでしょうか。バーソロミューの本を日本語に翻訳してくれることになっているヨーコ・ヒューイと今電話で話したのですが、日本の出版社にわたしたちが京都に一週間行くと伝えたところ、京都での最初の三日間は出版社の社長の友人が案内役を務め、残りの滞在期間は社長みずから京都に来て案内すると申し出てくださったそうです。
その上、ヨーコも八月二日に京都に来るそうです。また彼女は偶然にもわたしたちと同じ七月二十八日に成田に到着します。日本航空で午後五時十五分に到着し、成田日航ホテルに一泊するそうです。この調子だと、成田の通関でわたしたちは鉢合わせするかもしれません。奇跡的なタイミングの良さなので、申し出を快く受けたいと思っています。案内役をお願いして、そのお礼に、彼女たちには京都でのバーソロミューの集まりに参加してもらいましょう。

成田ビューホテルにいるわたしたちのところに社長のタカキさんが電話して、京都での待ち合わせの時間を決めることになっています。こういうふうに事態が進展して、わたしはもう大感激です。メアリーマーガレットに、タカキさんたちからの親切な申し出をぜひ受けるよう、あなたから話してください。わたしはもうすでにイエスと返事をしました。お返事を待っています。

ジョイ

いくらもたたないうちに返事が来た。

一九九二年七月十四日
メアリーマーガレットより

こんにちは。チャイから今電話があって、あなたからのファックスを読み上げてくれました。まったくすばらしいニュースじゃない。もちろん親切な申し出は全部受け入れましょう。ほんとにありがたいことね。実のところ、観光ガイドのほうはどうしようかと思っていたところなので、これでその問題は解決したわけね。ほんとに世の中はわからないものね。わたしがあなたの判断を信用していることはご存じでしょう。特に日本に関してはあなたを全面的に信頼しています。

ここバイロン・ベイには金曜のお昼までいます。またファックスを送ってください。良いニュースを送りつづけてください。

MM

三日後、ヨーコからまた電話があった。電話を切ってすぐ、わたしは椅子をぐるっと回してコンピューターに向かうと、次のファックスを急いで打ち出した。

一九九二年七月十七日
ポール・ティッパー様気付
メアリーマーガレットおよびジャスティンへ

おはよう。わたしたちは九日後に出発予定なので、これが最後の通信になると思います。このところ時間があっという間にたつような気がしています。二回目の予防接種を受けたので、昨夜は気分が悪かったのですが、今日は少し良いようです。

昨夜ヨーコ・ヒューイからまた電話があって、ユーコ・タカキからファックスが入ったと知らせてくれました。ユーコとは京都のわたしたちのホテルで二十九日に会うことになりました。ユーコと彼女の友人は金曜までわたしたちのホテルに泊まるそうです。でもそこは週末は満室なので、ユーコは近くにホテルを探すそうです。ユーコたちが自分たちのホテルの手配は全部します。ユーコとヨーコは近くにホテルを探すそうです。京都の市バスに外国人を二十人詰め込んで、一日中お寺巡りをすることを想像してみたら、とても無理だという結論に達したそうです。そこでタカキさんが今貸し切りバスの値段を調べています。一週間借りて千五百ドルという値段だったので、わたしたちにはそれは高すぎるから無理だと思うが、一応メアリーマーガレットに話しておく、とヨーコに言いました。

そこで、あなたから返事があり次第、タカキさんにファックスで知らせるので、できるだけ早く返事がほしいとのことです。また、日帰り旅行は週末を避けたほうが混まなくて良いだろうという意見で一致しました。出発準備の混雑の中で忘れたりしないように、全部聞くべきことをこのファックスに書いています。

それから成田空港を出る前に電車の座席を予約するのを忘れないようにしましょう。参加者全員の航空券を受け取ったので、ロサンゼルス空港でみんなに手渡します。

参加者への最後の手紙、案内書、荷札などを今日発送します。今日はこれくらいです。

たくさんの愛をこめて

ジョイ

メアリーマーガレットとジャスティンはオーストラリアとニュージーランドの中間のどこか連絡網の圏外にいたらしく、その後三日間、ファックス機は静まり返っていた。そのころまでには、わたし自身の出発も一週間後に迫り、まるでカウントダウンを控えた宇宙飛行士のような気分だった。わたしはズボンの後ろポケットにしわくちゃになったチェックリストの紙を入れていたが、出発日が近づくにつれてだんだんリストが長くなっていった。

七月二十日になって、メアリーマーガレットから次のファックスが届いた。

　こんにちは。今ファックスを受け取ったところ。

　本当に申し訳ないんだけど、わたしの茶色のショートパンツを持ってきてくれる？　持ってくるのを忘れたの。洋服ダンスの右側の引き出しに入っているはずだけど。そこになかったら（ごめんなさい）、クローゼットの中のどこか。それともベッドの横のナイトスタンドの中。どうしても見つからなかったら、灰色のショートパンツを持ってきてください。

　バスについて。日本に行ったことがあるという人たちにいろいろ話を聞いたのだけど、バスやタクシーじゃないと観光名所には行けないと言われ、わたしたちの電車旅行の計画にとても不安を感じていたところです。その人たちの話では、電車はすごく混んでいてどうしようもないそうです。それで貸し切りバスの申し出を受け入れたいと思います。貸し切りバスで、しかも誰か他の人が世話してくれるのだったら、私も自由時間が増えるし、心配しなくてすむし、ずっと一緒にいなくてもいいし。

そこであなたにお願いしたいのは、レールパスは払い戻しが効くのかどうか問い合わせてください。レールパスの払い戻しが効かなくても、貸し切りバスを借りてください。成田のホテルから貸し切りバスに乗れるかどうか聞いてみてください。それがダメなら、京都まで新幹線で行くことにして、レールパスは使いましょう。わたしにとっては願ったりかなったりです。実は、そのことがとても心配だったんです。

この件に関して、またファックスを送ってください。ここには日曜までいます。わたしやジャスティンからみんなによろしくと言ってください。

一時間後にわたしは次のファックスをメアリーマーガレット宛に送った。

一九九二年七月二十日

メアリーマーガレットおよびジャスティン・ムーアへ

至急。今ヨーコと電話で話したところだけど、まず訂正しておかなければならないのは、貸し切りバスの料金は一週間ではなく、二日間の料金でした。貸し切り料金は一日七百五十ドル前後らしいです。次に、わたしも貸し切りバスに関してはあなたとまったく同感です。運転手に行き先も道順もすべてまかせて、わたしたちは快適な冷房バスにのんびり座っていられるんだったら、レールパスだろうがサンダルだろうが全責任だろうが、すべて喜んで放棄します。

でもわたしたちが話している貸し切りバスは京都市内の観光用で、市バスを使う代わりに貸し切りバスに乗ろうというわけです。マイクに電話して、ＪＲレールパスの払い戻しが効くかどうか問い合わせたのだけど、彼はあまり楽観的じゃありませんでした。

もう少ししたらヨーコに電話して、彼女が日本に連絡する前に、この問題についてもっと詳しく話し合っておきたいと思います。当然のことながら、わたしたちがぐずぐずしているとバスの予約がむずかしくなる可能性があります。貸し切りバスの交渉をしているのはタカキさんの友人だということです。できるだけ直感を生かして最良の方法を見つけるつもりです。超能力があればいいのにと思うときがあります。至急お返事をください。

愛をこめて

ジョイ

彼女からの最終的な返事を待つあいだ、わたしは55×35×20センチの布製バッグに旅行に持っていきたい物を全部詰め込もうとして、詰めたり出したりを繰り返していた。バッグは、飛行機の座席の下に入る大きさでなければいけないのだが、日本で着る夏服とインドで着る冬服の両方を入れなくてはならない。わたしはバッグに服をギュウギュウ詰め込んでみたり、きちんとたたんで入れてみたり、中身を足で押さえてみたり、あの手この手で荷物を押し込もうとしたが、努力するたびにバッグが小さくなっていくような気がした。

インドでわたしの同室者となるキャロリン・レイクもわたしも滞在延長組だった。延長組はテントで寝ることになっているので、そのための装備として、軽量テント、空気マットレス、登山靴、雨具、寝袋ふたつ、それに樹木生育制限を超えた高地を行くので、保温性の高い服などが必要だった。こうした装備は大型軍用バッグに詰め、キャロリンがわたしたちとシンガポールで落ち合うときに持ってくることになっていた。このバッグは縦にするとキャロリンの脇の下に届くくらい大きかった。

身長百六十三センチのキャロリンは、コロラドの田舎育ちで、全長百二十センチ、重さ三十キロ近くのダッフルバッグを抱えて地球を半周することを何とも思っていなかった。

二日後、わたしはメアリーマーガレットから最後のファックスを受け取った。

一九九二年七月二十三日
メアリーマーガレット・ムーアより

雨のそぼ降る美しいニュージーランドからこんにちは。この国の人たちはすばらしく、風土はオーストラリアとかなり違っています（一方は暑く、他方は寒い）が、この国には独自の魅力があります。来て良かった。

バスで一日観光することに賛成です。たった一日だけでも、迷子にならずにすむのは喜ばしいことですものね。冷房車での移動にみんなも喜ぶと思います。日帰りで行けるところにどんなお寺があるか、ユーコに聞いてみましょう。どこか涼しい山の上にお寺があるんじゃないかしら。足下にはせせらぎが流れ、どこからかお寺の鐘が聞こえ、松林の葉がそよぐ（日本の旅行案内書の読み過ぎね）。

これが最後のお便りなので、書き忘れがないことを祈っています。あなたたちみんなを成田空港に出迎える日をジャスティンもわたしも楽しみにしています。オーストラリア組も同じです。

では、霧の中を前進！　旅行準備係としての情熱は少しも失っていないでしょうね？（ウッフッフ）アリガトゴザイマス。（日本語で「ありがとう」という意味。知識をひけらかしているのよ）

愛をこめて

メアリーマーガレット

日が昇り、鳥がさえずり、そして出発の日がやってきた。朝のコーヒーを飲んでいるときに、ファックスの機械がタッタッタッタッと出発直前のファックスを吐き出した。ヨーコからだった。読んだあと、返事は出さずに、そのまま持っていくことにした。タカキさんがバスを予約し、しかも2万円安くなったこと、私たちと同じ新幹線で京都に行くことなどが書かれていた。

わたしは最後にもう一度荷物を点検すると、バッグをキャロリンの車の後部座席に投げ入れ、帽子をサングラスにあたるまでぐっと引っ張り下ろして、書類の束をつかんだ。それから車にバックパックごと乗り込むと、キャロリンにアルバカーキまで三時間の道を送ってもらった。

空港に着いたとたん、ラリーとロバータ・ノックス夫妻の姿を見つけた。ラリーたちはサンタフェから車で早めに着いて、出発が待ちきれないという様子だ。ふたりともカジュアルだがシックな装いをしている。がっしりとした体格に青い目と黒っぽい髪をしたラリーは、さらりと冗談を言ってはまわりの緊張を和らげるのが上手い。美人でエネルギッシュで陽気なロバータは、黒っぽい巻き毛を揺らしながら、早速、紅茶とクッキーを買いに走っていった。

振り向くと、ジョージ・ウェストモーランドがやってくるところだった。そしてみんなに向かって、見てくれというように手を広げた。全身黒でまとめた服にカメラを肩から斜めにぶら下げて、黒い顔がこぼれるような笑みを浮かべている。心理学者というよりはロックスターのようだ。エミー・チェニーが走り寄って、ジョージを抱擁した。エミーはすらりとした小柄な女性で、気さくでおもしろく、しっかりしている。日本ではわたしと同室になる。

さて、わたしたちはエスカレーターのほうへ進み、荷物検査を経て、出発ゲートへと向かった。飛行機は定刻に出発した。

ロサンゼルス空港でわたしたちは空港ビルの反対側にある国際線搭乗口まで行き、そこですぐに、アトランタから乗り入れたばかりのジムとエレン・ウィリアムズ夫妻に出会った。夫妻とわたしは昔からの友人で、わたしたちは再会を喜んだ。エレンは著述家兼教師兼熱烈なる求道者で、南部女性のやわらかな物腰とは裏腹に一筋縄ではいかないねばり強さをもっている。ジムはあご髭を生やした顔に歓迎の笑みを浮かべてわたしたちに挨拶した。変わったことや冒険心をあおることに真っ先に向かっていくのがジムだった。

わたしが超大型バッグのロックをはずしチャックを開けて、中に入れたほかの三個のバッグを取り出し終わって目を上げると、ふたりの女性が押してくる荷物カートと危うくぶつかるところだった。ペンシルバニア州から来たグレタ・ティスデイルとワシントン州から来たリンダ・ムーアのふたりが再会にはしゃぐあまり、前を見ていなかったらしい。わたしたちは何度もいっしょに旅行した仲間だった。やせて背の高いグレタは丸縁目がねの奥に好奇心にあふれた瞳を輝かせて、ひとりグループの先を行くのが常だった。内なる衝動にかられてだと思うが、グループから離れて勝手にどっかに行ってしまうのだ。小柄ですばしこいリンダは、体の前にバックパックをぶら下げて、さあ、何でも来いとばかりに青い瞳を輝かせていた。ふたりは顔をつきあわせてリストを点検し、忘れ物がないことを確かめていた。

ラリーとジムが超大型バッグの荷造りを引き受け、マットや折り畳み椅子、寝袋、水筒、登山靴などをみんなから集めて回ってバッグに詰め込んだ。わたしは持参した旅行案内書やパンフレットの類を配り終えると、シンガポール航空の団体用チェックイン・カウンターを探しに行った。そこにはダーシー・ソールとシャロン・スウェンソンとローレル・サンドがわたしを待っていた。

ダーシーとシャロンはカリフォルニア州のサンタ・クルーズから来ていて、たくさんの荷物と延長滞在用のハイテク・キャンプ用品に埋もれていた。ダーシーは何年か前にスキーで右足を痛めていたので、右足に重心をかけないように一本脚の折り畳み椅子に腰かけている。彼女はローレルと身振り手振り豊かに話していた。ふたりは会ったばかりなのだが、まるで旧知の友が再会したかのようだった。わたしが来たとき、シャロンは荷物を再点検しているところだった。サンタ・クルーズから来たふたりはともに背が高くて金髪で青い目をしていた。シャロンのほうがおとなしく、何事もきちんと整理整頓しないと気がすまない質で、ときにすごい冗談を言ってみんなを驚かす。彼女のパートナーであるダーシーは、どこにでも出かけ、何でもやり、何が起ころうともあらゆる瞬間を楽しむことのできる元気いっぱいの冒険家だった。

　航空会社の職員が突然カウンターの向こうに現れた。ここでも旅行案内書などを配ってから、わたしはローレルの腕を取ってほかの人たちを呼びに行った。ローレルとは一年以上会っていなかったので、ゆっくり話がしたかったのだ。彼女はちょっと恥ずかしがり屋でおとなしいが、話すとよく笑い、わたしはまた会えたことを喜んだ。

　ほかの人たちを連れてカウンターに戻ったところ、ちょうどひとかたまりの人たちが荷物を山のようにカートに乗せ、息をハアハア言わせながら近寄ってきた。おたがいの顔がわかって、みな歓迎の声をあげた。カリフォルニア州から来たエレノア・ヴォーゲル、ミシガン州から来たリー・バルチ、ニュージャージー州から来たバーバラ・ヴァンキャンプ、それにロードアイランド州から来たパトリシア・モーリーの一行だった。

　実にさまざまな人たちだ。共通点は、誰もがバーソロミューを愛し、行ったことのないところに行って未知の体験をしたいと願っていることだった。この旅行は成功するにちがいない、とわたしは確信した。

　わたしたちはチェックインの作業を開始した。航空券を搭乗券に換え、山積みの荷物を荷物預り証と引き替えていたら、わたしの名前を呼ぶ声がした。振り返ると、ジュディス・スモールが手を振っていた。彼女はサンフランシスコ郊外の自宅から、昨夜ロサンゼルスまで車を運転してきたのだ。ジュディスはブロンドの巻き毛をした小柄な女性で、とてもおしゃれだった。まだバーソロミューが現れる以前からメアリーマーガレットの友人で、カリフォルニアでいっしょに子育てをした仲間だ。メアリーマーガレットのほかの友人たちがバーソロミューのチャネリングを信じられなくて離れていったあとでも、ジュディスだけはいつもメアリーマーガレットを支え、励ましつづけた。彼女は出発直前に団体に加わり、わたしにハグして挨拶をした。

ぐるっと見回すと、全員そろっている。やるべきことはすべてやり終えた。さあ、いよいよ出発だ。

第2部

日本

一九九二年七月〜八月

4　空路日本へ

飛行機に乗り込んだわたしたちは、出発と到着の狭間にある宙ぶらりんの不思議な時空間に無頓着に投げ込まれていた。誰にも経験があると思うが、せきたてられるようにして自分の座席を探し、荷物をしまってしまうと、残る八時間から十二時間、または十五時間は何もすることがなくて、退屈でぼんやりした気分になる。

わたしはどうにも落ち着かなくて、通路を歩き回ったり、ジュースを飲んだり、旅行のメンバーとおしゃべりしたりしていた。わたしはジョージの向かい側の席の肘掛けに腰かけて、体の具合を尋ねてみた。彼はこの四月に唾液腺ガンと診断されたが、この旅行が自分のためになると直感的に感じて参加を申し込んだのだ。別の医者からもガンだと診断されたあと、ニューヨークのマハリシ・アーユルヴェーダ健康センターで一週間の治療を受けたらしく、そのときのことを聞いてみた。

「インドのアーユルヴェーダ医学や中国医学についてたくさん学んだ」と言ってから、前の座席の下から半分はみだしている手荷物を指さして笑うと、

「漢方薬とアーユルヴェーダの薬草でいっぱいなんだと言ったら、信じますか」と訊いた。

わたしは信じられないという顔をして彼を見た。

「本当ですよ。日本とインド旅行に加えて、わたし個人で行くサイババのアシュラム滞在の分まで持ってきたんですから」

「じゃ、ダライ・ラマの主治医がもっと薬草をくれたらどうするんですか」とわたしが尋ねると、ジョージは天を見上げて、「もちろん、ありがたい薬ですから、一番上に置きますよ」と言って笑った。

座席に戻ると、ちょうど飲み物が配られているところで、わたしはジュースをもらって本を読みはじめた。何章か読み進んだころ、バーバラが立ち寄って、サイババのところに行く話をしに来た。非常に現実味のあるサイババの夢を何度も見て、どうしても彼に会いたいと思い、このインド旅行が絶好の機会だと思ったそうだ。ニュージャージー州の学校で音楽教師をしているバーバラは、アシュラムに行くようなタイプには見えなかった。体はほっそりしているが、その分、強固な意志の力で補うのだろう。サイババのアシュラムがある南インドの夏は耐えがたいほど暑い。わたしは彼女の勇気とスタミナに感心した。

そのとき、客室乗務員が夕食のアナウンスをしたので、わたしたちの会話は中断された。乗客

たちはバタバタと荷物をしまい、トレイを下ろして、食事が配られるのを心待ちにした。肉料理か緑色の麺料理のどちらかを選べるということだったので、わたしは日本の食べ物に慣れておこうと麺料理を選んだ。食事は茶そばにたれがつき、箸とナイフとフォークが添えてあった。箸を使ったことはあるが、麺を箸で食べたことはなかった。箸で麺を食べるときは、フォークの時のように巻きつけて食べるわけにはいかない、とやがてわかった。そこで巻きつける代わりにガバッとつかもうとした。そばが箸からつるりとすべり落ちるたびに、わたしの自信もいっしょに落ちていった。

何気なく目を上げると、通路の向こうの席で若い日本人女性が肉料理を食べようとしてナイフとフォークに手を焼いていた。彼女もちょうど顔を上げたので、わたしたちは目が合った。その女性はにっこり笑うと、空のフォークを見せて、しかたがないというように両肩をすくめた。わたしも空の箸を見せて微笑み、両肩をすくめた。それから、わたしはフォークを使って食べはじめた。食後に映画が上映されたあとも、まだ数時間、何もしない時間がつづくのだった。

ついにエンジンの音が静まり、飛行機は定刻通り成田空港のゲートに着いた。パスポート検査は長く待たされただけで問題なく終了し、日本語の標識の下に書かれた英語に従ってエスカレーターに乗ると、手荷物引き取り所に降りた。わたしたちの荷物は全部一カ所にきちんと並べられて、真っ白の手袋をした制服の女性がふたりで見張っていてくれた。ふたりがカートを持ってきて税関のほうを指さしたので、わたしたちはあひるのように一列に並んでのろのろと進んだ。出口の向こうからは、先に出た人たちを歓迎するメアリーマーガレットとジャスティンの声が聞こえた。

ジャスティンはいつもすぐに見つかった。背が高くてがっしりしている上に、ふさふさした金髪の髪と青い目をし、眼鏡をかけているからだ。一見近寄りがたい印象をあたえたり内気に見られることもあるが、実は人なつっこくて、気さくな性格だった。緊張した雰囲気をさっと和らげる機敏なユーモア精神も持ちあわせている。ジャスティンは、メアリーマーガレットといっしょになって、みんなが荷物をバスに乗せるのを手伝いながら、冗談を言っては人を笑わせていた。

日は暮れかかっていたが、外はまだ蒸し暑かった。冷房バスのひんやりした空気にホッと一息つく間もなく、わたしたちはホテルに着いた。小さいが快適な部屋には浴衣が三枚きちんと畳まれてベッドの上に用意され、床にはスリッパが三足、棚には魔法瓶とお茶碗が上品に並んでいた。

部屋の割り当てをし終わってわたしが部屋に上がってきたころには、同室のジュディスとエミーはすでにベッドに入っていた。ヨーコから電話があって、ユーコがわたしたちと東京駅で落ち合い、ヨーコは京都で落ち合うそうだ、とジュディスが教えてくれた。万事準備完了。くたくたに疲れきっていたので、早速冷たいシーツのあいだにすべり込んだ。エアコンのうなる音を耳にしながらわたしは深い眠りに落ちていった。

何時間かのち、わたしは突然目が覚めた。部屋は真っ暗で、聞こえるのはエアコンのウーンという音だけ。どんな姿勢で寝ても体のどこかが痛いので、もう眠るのはあきらめた。多分もうすぐ夜も明けるだろうから、今日は早起きしてシャワーをさっと浴びることにした。

シャワーをすませてタオルで体を拭いていると、バスルームのドアをそっとたたく音がして、「ジョイなの？」と小さな声が尋ねた。

ドアを開けると、眠そうな顔をしたエミーが立っていた。

「起こすつもりはなかったのよ。ただちょっと早く起きようと思っただけ」とささやいた。

エミーは頭をかすかにかしげ、目をぐっと開いて、不思議そうにわたしの顔を見ると、「でもまだ二時よ」とささやき返した。その意味をはっきり理解するまで一瞬の沈黙があった。

「えっ？　じゃまたベッドに戻るわ」。しょんぼりしてわたしは言った。

ひんやりしたシーツのあいだにまたもぐって、意志の力で何とかリラックスしようとしたが、ダメだった。しかたがないので、起きて暗闇の中で服を着た。部屋の鍵を持っていることを確かめると、音を立てないように部屋を出て靴をはいた。あたりは深い眠りに包まれている。突然、喜びが体の中からふつふつとわき起こってきた。わたしは自由なのだ！　もう何の責任もない！

静かに階下のロビーまで降りていった。ロビーに人気はなく、玄関には鍵がかかっていなかった。わたしは外へ出た。

温かい夜の空気はどこからか花の香りを漂わせ、静まり返っていた。空には乳白色の雲がたれ込めている。わたしは靴を脱ぐと、露に濡れた芝生の上を裸足で歩いた。体中に元気があふれ、晴れ晴れとした気分だった。温まったアスファルトの臭いや風のそよぐ音や虫の鳴き声が混じり合っていた。顔を空に向けて両手を大きく広げると、わたしはゆっくりと回転しはじめた。ついに日本に来たのだ。わたしは今、日本にいるのだ！　時間が揺らいで、はるか昔の記憶がすぐそこまで近づいた気がした。あわててポケットから紙を取り出すと、短い詩を書きなぐった。

チベットの鐘の音のごとく、リンリンと虫が鳴く
わたしの耳もリンリンと鳴り響く

考えるな、と自分に言い聞かせた。ただ在るのみ。

5　地下鉄と新幹線とタクシーと

成田空港から地下鉄に乗って何とか無事に東京駅までたどり着いた。わたしたちはホームの真ん中にひとかたまりになって降り立ち、そそくさと通り過ぎる通勤者の流れの中で孤島を形作っていた。人の波に押し流される心配をする間もなく、若い女性がひとりわたしたちのほうへ近づいてきた。袖なしのブラウスにスラックスの服装、手には大きなハンドバッグを抱えて、低いヒールの靴をはいていた。彼女はにっこり微笑むと、ユーコ・タカキだと自己紹介した。バーソロミューの本でメアリーマーガレットの写真を見ていたので、すぐにわかったそうだ。

そこで相談した結果、六番ホームに行って十一時十分の新幹線に乗ることにした。ホームに着くと、わたしたちはバックパックを背負い旅行バッグを両手に抱えて、スタートラインに立った競争馬よろしく線路に向かって一列に並んだ。新幹線がホームに着き、ドアがさっと開くと同時に、わたしたちは突進した。作戦は成功したが、車内はほとんどがら空きで、その必要はなかった。悪名高いラッシュアワーは避けられたようだ。

ドアが閉まり、新幹線はカタンカタンと音を立てて東京駅を出ると、次第にスピードを上げて郊外に向かった。わたしたちの荷物は通路や狭い網棚の上や空いた座席の上に置かれていた。超大型バッグ四個は成田のホテルから直接トラックで京都のホテルまで配達されることになっており、到着まで二、三日はかかるらしい。今はもう何もすることはなく、ただのんびりと京都までの二時間四十分の旅を楽しむだけだ。

わたしの向かいの席には日本人老夫婦が座り、おたがいの膝がくっつきそうなくらい窮屈だった。老夫婦は列車が揺れるたびに、自分たちの荷物がわたしの体や荷物に触れないよう、細心の注意を払った。床のカバンがちょっとでも動くと、老人はわたしをチラッと横目で見ながらぐいと手元に引き寄せた。妻のほうは膝に乗せたハンドバッグの上で手を組み、黙って座っていたが、床の段ボール箱が重力の法則に従って数センチ動き、わたしの足に当たるや、夫を肘でこづいた。夫はすかさず前かがみになって箱を引き戻した。ふたりはほとんど話をしなかった。わたしは相手を安心させようと、たまにニコッと微笑んだりしてみたが、老夫婦の居心地の悪さにわたしもつられて、どうにもくつろぐことができなかった。

そういうわけで、ふたりが荷物をまとめ、ほんのかすかにお辞儀をしたかと思うとそそくさと列車を降りたときには、みんなホッとした。わたしは安堵のため息をつき、座席にゆったりと座り直すと、窓の外の景色に専念した。新幹線は高架線の上を走っていて、窓の外を民家の屋根が次々と通り過ぎていく。遠くには低い山が連なり、ときどき手前のほうに緑や鮮やかな色がさっと見えるのは民家の庭なのだろう。竹塀や色のはげた板塀のところどころに木戸が見える。民家がとぎれると畑が見えて、だぶだぶのズボンに麦わら帽子をかぶった農夫が腰をかがめて農作業をしているのが見えた。空は薄曇りの平坦な色をして、移り変わる手前の景色を黙って見せていた。たまに反対方向から列車がやってきてピューッと通過していくと、わたしたちを危険の中に吸い込んでしまうのではないかと思われた。

網棚から荷物を下ろす音や人々のざわめきに京都駅が近づいたことを知らされた。駅の外に出ると、ユーコがタクシーでホテルまで行こうと言って、タクシー料金を調べてくれた。小さな車数台に荷物といっしょにみんなを押し込み、ユーコが運転手にホテルの住所を告げると、次々と出発した。わたしはユーコといっしょのタクシーになったので、この機会を借りて彼女にお礼を言った。彼女が英語を話せたので、本当に助かった。ユーコはカリフォルニアのバークレーにある学校で英語を勉強し、東京で英語を教えたそうだ。インドにも行ったことがあって、インド旅行のおかげで視野がぐっと広がったと話してくれた。話は出版業に移り、ユーコはマホロバアートを数年前に設立して以来、精神世界の本を出版してきたということだった。わたしは彼女とこれからいっしょに何日かを過ごすことを心から嬉しく思った。

京都トラベラーズ・インまではほんの十分しかかからなかった。わたしたちが到着したころには、すでにほかの人たちは部屋の鍵をもらったり、部屋の場所を確かめたりしている最中で、騒々しかった。このざわめきの中でメアリーマーガレットの声が一段高く響き、夕食前に彼女の部屋でバーソロミューの短い話があるとアナウンスがあった。荷物をほどいて着替えるにはぎりぎりの時間しかなかった。

6　京都の一日目――バーソロミューの意外な第一声

午後四時、わたしたち二十人はメアリーマーガレットとジャスティンの小じんまりした部屋にギューギュー詰めになって座った。メアリーマーガレットがベッドの上に静かに座り、脚を組んで目を閉じると、部屋全体が一斉に沈黙した。二、三秒後、彼女の目が開き、バーソロミューがあたりを見回した。手をこすり合わせながらにっこり微笑むと、

「みなさん、こんにちは。珍しい変わった場所でよくお会いしますね。もっともメアリーマーガレットとジャスティンの寝室で会うことは滅多にないですが」と言って笑った。

やがて瞳を輝かせながら、まじめな様子で話しはじめた。

「わたしたちはふたつのユニークな機会を目前にしています。ここと インドです。あなた方が長いあいだ探し求めてきたあの意識状態に目覚めるチャンスです。この旅の目的は、常に存在する覚醒意識の流れに目覚めてもらうことです。そしてヒマラヤで、現在の瞬間にゆったりとくつろ

ぎ、覚醒意識に完全に身をまかせられるようになってもらうことです」

バーソロミューはそこで一息ついて、何人かの顔に信じられないという表情が現れたのを認めると、前にぐっと乗り出して尋ねた。

「できないことはないはずですよ。できないと思っているのは**あなたたちだけ**で、わたしはここでちゃんと、あなたたちにはできるから、**今**いっしょにやりましょう、と言っているのです。こうした集まりをあと何回すれば気がすむのでしょうか。あと何カ国訪問しなければならないのでしょうか。あと何回団体旅行を企画すればいいのでしょうか。

もう実践の時が来ました。どんどん実行するべき時です。〈実践〉というのは具体的にどういうことか、説明しましょう。あなたはこれまで**神を探して**きましたが、あなた自身が神の体験そのものだということを忘れています。現在の人生が自分の求めてきたものだとはとても信じられないので、現在の体験を別の名前で呼んで、それとは別の何かを求めて果てしない時間とエネルギーを使っています。

でも実際のところ、**今ここにあるものが〈それ〉なんですよ。今現在あなたが体験していることが、あなたの求めてきた〈もの〉なんです。**わたしの言葉が真理でないと主張する人はそれを見つけられません。イライラしたり退屈だったり、蒸し暑さにうんざりしたり、心配したりする自分の心や、自分の現在の夫婦関係などが神の体験であるはずはないと思いたいでしょう。

これから三週間の旅が終わるころには、こうした気持ちも神なのだということがわかるようになります。ただし、今この瞬間にいて、**何も考えずにこの瞬間をありのままに感じつづける**ことができたら、ですが。批判したり分析したりすることなく、すべてを聞き、すべてを見てください。ただそこにいてください。その瞬間のありのままの状態の中でありのままの自分を素直に体験してください。あなた方はすでに今ここに完全な姿であるものを見つけようとしているのです。おぼえていますか。覚醒を妨げる最大の障害は、自分は覚醒していないという**思い込み**です」

バーソロミューは体を起こすと、やさしい目つきになって言った。

「今現在体験しているものが覚醒なのならそんな覚醒はいらない、とあなた方はこれまで何度も言ってきましたね。でもそう思うのは誤解しているからです。自分の体験の中に〝大いなる光〟があるのがわからないからです。これがどういうことなのか、発見してください。どこかほかのところに〝大いなる光〟を探しにいっても決して見つかりません。なぜなら今ここで起きていることの中にすでにあるのですから。わかりますか」

そこで言葉を区切ると、わたしたちをじっと見つめた。彼の言葉をなんとか理解しようと努力している人たちの焦燥感が感じられた。

彼は体を後ろに反らすと、話をつづけた。

「では、例をあげて説明しましょう。あなたは今暑いと感じているとしますね。人間として暑いと感じながら、あなたの心にはさまざまな感情や考えが去来します。暑さにイライラしたり、イライラする自分はまだ修行が足りないと後ろめたく感じたり、水が飲みたいなと思ったり、またなにか違うことを考えます。

ではまず、最初の宿題です。今日と明日、この去来する思考を体験してください。考えやそれに対する反応が生まれては消えるのを観察してください。こうした考えや感情は**肉体の中で**起きているのだということに気づいてください。そしてできるなら、この肉体や心《マインド》も何かほかのものの中で起きていることに気づいてください。あらゆるものは**何かの中で**起きているわけで、この神秘的な何かこそ、あなたが探しているものです。

第一日目の今日は練習です。覚醒の練習です。気づきの練習です。自分の感情が生まれては消えるのを観察してから、ほかの人たちと話し合ってください。うまくいっているか、どんな気づきが得られたか、どんな体験をしたか、話し合ってください。自分に向かって、『誰が怒っているのか』『誰が腹をすかせているのか』と質問して、そのまま答えずにじっとしていてください。この『誰が』という質問を真剣な気持ちで発したあと、神経をとぎすましてじっと待ちます。自分はもう答えを知っているなどと思わないでください」

そう言うと、バーソロミューは身を乗り出してわたしたちを真剣な表情で見つめた。

「もうひとつ練習してほしいことがあります。あなた方はあらゆるものをそれぞれ独立した別個の存在とみなすように教えられてきましたね。世界はバラバラの物で構成されていると信じてきました。この理論が真理かどうか試してみましょう。あたりを見回して、ほかの物と完全に切り離されて存在している物があるかどうか、見てみてください」


わたしたちがあたりを見回して、完全に独立して存在する物を探そうとして何も見つけられないでいるのを、バーソロミューは黙って見ていた。椅子は床にくっついているし、床は壁につながっている。わたしたちの体は床につながり、それからおたがいの体につながっていた。

「はい、いいです。今日一日を過ごす中で、一見切り離された別個の物に見える物が実はほかの何かとつながっているという事実に気づいてください」

彼はそこで片手を挙げた。

「思考に頼って、無や空間につながっているなどと言わないでください。言葉にしないで、ただつながりに気づくように。目に見えるすべての物を含む何かが存在します。もちろんお寺を見れば、建物が地面につながり、それが木や空や人間につながっているのはわかります。けれどもそれら全部を包み込む膨大な〈何か〉の存在に気づいてほしいのです。神経をすましていれば、あらゆる物を包み込む計り知れないものの存在を深く感じ取ることができます。普段の感覚の枠外へ出て、それを体験してください。この練習はとても役に立ちます。

このふたつの方法をできるだけ忠実に実践してください。自分の意識を向けたところから真実が姿を現す、という宇宙の法則を忘れないように。自分の意識を使って覚醒に向かってください」


バーソロミューはわたしたちひとり一人を見つめた。

「みなさん、わかりましたか」

わたしたちは黙ったまま、指示されたことを心に刻みつけた。


「**思考を使って**神に近づくことは不可能です。批判的な思考や分析的な思考をすればするほど、この瞬間に起きていることから遠ざかっていきます。気づきを邪魔する大きな障害物は思考だと言えます。思考は確かに多くのことをなし得るすばらしい道具です。けれどもお風呂が気持ちがいいからといって、毎日二十四時間入っていたら、それほど楽しくもないでしょう。思考もそれと同じです。

考えることに自分がどれだけ時間を費やしているか、気づいてください。わたしはこれを思考の独裁と呼んでいるのですが、どうかこの独裁から自分を解放してください。思考は人を、今という瞬間から引き離します。一方で、思考は人を過去へ引き戻して後悔の海におぼれさせるかと思うと、もう一方で、空想と恐怖に満ちた未来へと人を押しやります。この両極端にはさまれて身動きできないまま、人はそれでも幸せを得ようともがきます。あなたが逃れようとしているのは、ふたつの世界にはさまれて身動きできないというこの感覚なのです。そこからの逃げ道は、**意識をとぎすます**ことです。ホテルのバスで隣り合わせになった人との会話を心の中で何回繰り返しましたか。家に残してきた問題を旅先で何度思い出しては悩みましたか。ひょっとしたら、今はもうアメリカは爆弾で吹っ飛んでしまって、ついでにあなたの悩みも消し飛んだかもしれないんですよ」

バーソロミューはニッと笑った。

「冗談ですよ。でもわたしの言わんとすることはおわかりでしょう。故郷の問題は今ここに存在しないのですから、それは問題ではないのです。そのことで悩んだりその話をしたりしないでください。同時に、未来にも行かないように。未来はわからないのですから、空想しか生まれません。じゃ、わかっていることは何でしょうか。ただひとつ。この部屋に座ってこの風袋（訳注：バーソロミューの自称）の話を聞いている——それだけです。ですから、すべてはこの瞬間に始まりこの瞬間に終わります。それ以外には何も存在しません。この瞬間の中にすっぽりと包まれてごらんなさい。そうすると絶え間ない思考を止められます。意識をとぎすますのです。今の瞬間以外のところに意識が何回流れていったか、数えてみてごらんなさい。まわりの人との会話の中でどれだけ過去や未来について話していますか。現在のことだけに話題をしぼるとしたら、何を話しますか。やってみてごらんなさい。

目覚めた意識はすべてを知っています。この旅行のあいだに、みなさんはだんだんはっきりとこの意識を感じることができるようになるでしょう。わたしが今話したことを実践するなら、旅行が終わるころには、『覚醒意識とはどういう意識ですか』という質問をする人はいなくなるでしょう。体験してしまうからです。その体験を生かすかどうかはその人次第ですが、**覚醒意識を体験できることは確か**です。さあ、刺激にあふれた毎日が待ち受けていますよ。がんばりましょう」

そう言って、バーソロミューはみんなを見回した。メアリーマーガレットの瞳が微笑んでいた。

「次の集まりまでにできるだけ練習してください。この練習をしながらどんな焦りやイライラを感じたか聞かせてください。やってみてうまくいかなかったというほうが、全然やらなかったというよりいいです。少なくとも努力しているということがわかりますからね。そういうことで、明日またお会いしましょう」

メアリーマーガレットはぐっと伸びをして、胸のスカーフからマイクをはずすと、「ではみなさん、明日は朝七時十五分にホテルの前で集合です。ここにいる彼女が木陰の静かで涼しい場所まで案内してくれます」と言って、わたしの肩をポンとたたいた。

彼女はわたしの怪訝そうな顔を無視している。

（どういうことなの？）

メアリーマーガレットはいたずらっぽい目をわたしのほうに向けると、「今晩涼しくなってから、散歩したいんじゃないかって思ったのよ」と言った。

（涼しくなってから、ですって？　三十度の暑さなのよ）

「明日集まる場所として、どこか木陰の涼しくて静かなところを見つけてちょうだい」と彼女はつづけた。

（静かな木陰ですって？　ここは街の真ん中なのよ）

「それにここから近いところね」

そうつけ加えると、わたしの腕を軽くたたいて出ていった。

「わかった。まかせといて」。彼女の背中に向かってわたしは明るく返事した。

同室のエミーがちょうど通りかかったので、腕をつかんで引き留めた。彼女をホテルの外に連れだし、道を渡った。ホテルと平行に走る堀にそって歩きながら、彼女に目的を説明した。やがて石橋を渡って細い道を行くと、三方を松とツツジに囲まれた大きな池に出た。池の端には藤棚のついた休憩所があって、ベンチもいくつかある。木陰とはいかないが、日陰にはなっており、静かでホテルからも近い。涼しいかどうかは明日の朝にならないとわからない。わたしたちは顔を見合わせて、たがいにうなずいた。

腕時計を見て、「ぴったし十五分」と満足して言った。

「じゃ帰りましょ」

わたしたちはエアコンの効いたホテルの部屋へと戻っていった。

7　京都の二日目――今の瞬間にいることのむずかしさ

翌朝、集会場に選ばれた公園に行ってみると、ユーコが友だちのチエといっしょに来ていた。チエの腕には赤ん坊が抱かれ、ニコニコ笑っていた。白灰色の鳩の大群もわたしたちを出迎えてくれ、肌着にグレーのズボンをはいた小柄な老人が鳩に朝ご飯をやっていた。老人は裸足で鳩に餌をやりながら、小声で何か歌っていた。やがてわたしたちも鳩もおとなしくなった。

わたしたちはしばらくそこに座ったまま、早朝の物音に耳を傾けていた。近くの道を行き交う車の音やペタペタとサンダルが歩道にあたる音、鳩の餌が地面に落ちる音、羽のこすれる音などが混じり合って、朝の和音を作り出している。わたしたちがセメントの柱にもたれたり石のベンチに腰かけたりしてすっかりリラックスしたころ、メアリーマーガレットが背をピンと張って、目を開けた。

「おはようございます。昨日のエクササイズはどうでしたか。誰か発表してくれませんか」

バーソロミューが笑顔で尋ねた。

パトリシアが手を挙げてニューイングランド訛で発言した。

「ここに来るまでの苦労を思い出して、怒りがこみ上げてくるのを感じました。これに関係した人たちはみな赦したつもりだったのですが、まだ赦せない人たちがいたようです」

バーソロミューは二本の指を立てると、「死んだら、ふたつのことを訊かれます。どれだけ人を愛したか。そしてどれだけ学んだか。学ぶというのは、シェークスピアの詩をいくつ暗唱できるかということではありません。どれだけ現実やエネルギーそのものについて理解しているかということです。さらに、心の中の暗闇にどれだけ直面したか、ということです」と応えた。

彼は後ろに寄りかかって話をつづけた。

「誰かに腹が立ったら、特に、『**よくもそんなことが**できるな！』という気持ちが起きたら、この『よくもそんな！』という感情は、自分の心の闇にまだ直面しきっていないという印です。そのよい例がテレビの画面に映し出される暴力です。快適な生活を送っている人間が安全な自宅の居間に座って他人の暴力行為をテレビで見ます。世界の出来事が映し出されるのを見て、〈他人〉の暴力に憤りをおぼえます。けれども自分にこう訊いてみてください。自分が大切にしている物をすべて奪われたり徹底的な侮辱をこうむったりしたら、自分はどんな反応をするだろうか」

わたしの心に答えがパッと浮かんだ。

「やけくそ、自己正当化、非難、感情的になる、悲しみ、恐怖、怒り」

バーソロミューはさらにつづけた。

「人間の意識に関する基本法則のひとつ——自分を怒らせるものは自分と関係があり、ゆえに自分とつながっている——を思い出してごらんなさい。常に高潔かつ賢明かつ神聖であろうなどとしないでください。そうした努力をやめたら、わたしの言わんとすることが見えてきます。あなた方は誰でも、人を傷つけたり人がいやがることをした経験があるはずです。まわりの人間に対する言動や思考において一点の非の打ち所もないと言える人がここにいますか。やさしく思いやりのある態度や寛容な態度をとるときもあれば、怒ったり人を非難したり暴力的になったりするときもあるでしょう。人間の心の中にはこれらのすべてが共存しています。

みなさんに理解してほしいのは、これから旅をつづける中で、おたがいが相手を反映する鏡だということです。相手の中に自分が反映されているのがわかります。こうした団体旅行に参加するのはお寺を見学するためだけではありません。ダライ・ラマに会うためだけでもありません。**自分を見るために参加するのです。**自分に直面するために参加するのです。良いところも悪いところも醜いところもすべて含めて、それらにどう対処するかを学ぶのです。ユーモアの精神を忘れないようにしましょう。肩の力を抜いてください。自分やまわりの人たちは所詮《しょせん》人間なんだということを思い出してください。たまにはそれもいいでしょう?」

そう言って笑った。

「自分だって極限的な状況に置かれたら、ああした暴力行為をする可能性があるし、実際したかもしれないと考えることはできませんか。これは一種のアイロニーです。まわりの世界はあなたに次々と異なる顔を見せてくれているのです。わかりますか。あなたと世界はひとつなのです。まわりがさまざまな顔を見せてくれるとき、それらすべてが自分なのだと思いましょう。そうしながら、できるだけ自分にこだわらないでユーモアの精神を持ちつづけてください。むずかしいでしょうか。もちろんむずかしいです。これを学ぶことは大切でしょうか。**もちろん大切です。**人間の置かれた状況を理解するための基本です。自分は他人よりも優れているとか、あんなひどいことは自分だったら絶対しないなどと思う人は、自分で自分をだましています。ある種の極限状況の下では、どんな人でも、賞賛すべきすばらしい行為をすることもできれば、あまり誉められない行為をすることもできるのです。人間の行為はすべてその両極端のどこかにあって、それが人間であることです。あらゆる人と自分が似ていることを認めてはじめて、他人に対する怒りや状況に対する怒りが静まってきます」

彼は腕組みをすると、「昨日の宿題について、誰かほかに言いたい人はいませんか」と訊いた。

わたしは手も挙げずに発言した。

「まったくもって四六時中頭の中が雑念でいっぱいでおかしくなりそうでした。昨日や一昨日苦労したことを思い出したり、今日や明日、そしてその後の旅がうまくいくだろうかと心配したりしていました。自分で緊張しているのがわかっていましたから、何とかリラックスして今の瞬間に意識を戻そうとしたのですが、努力すればするほど、余計ダメでした」

バーソロミューはハッハッハと笑った。

「今のを聞きましたか」

彼はうれしそうだった。

「彼女は『今の瞬間に意識を戻そうとした』と言いましたね。その言葉の中にはいくつかの新しいルールが含まれています。なかでも『わたしは今の瞬間に意識を置いておかねばならない』というルールが顕著です。これはもう、『エベレスト山に登らねばならない』と言うようなものです。ルールなんかありません。『ねばならない』は存在しません。『ねばならない』と言い出したら、元いたところに戻ってしまいます。この瞬間に生きるというのは、『ねばならない』ことではないのです。それはあなたが**常にしていることであり、しないでいることなどできない**ことです。それがたえず起きているということにあなたは気づいていない。だからむずかしく感じるのです。

いわゆる〈行為〉はすでになされて終わっています。なぜならこの瞬間とはあなたが今いるところであり、この瞬間以外には何もないのですから。この瞬間とは今現在のすべてであり、今起きていることです。このことを忘れないためには、自分の息が出たり入ったりするのを見つめ、〈思考〉の移り変わりを観察してください。聞いている内容を評価する代わりに、聞くという**行為そのもの**を意識してください。こうしたことを実践すれば、瞬間に生きることができます。

ではこの〈聞く〉という行為について考えてみましょう。あなたは意志の力を使って聞きますか。意識して聞こうと決心してから聞くのですか。それとも自然に何かが聞こえてきて、それに気づくのですか。では思考はどうでしょう。考えようと決心しますか。何を考えるかは意識して決めるかもしれませんが、**考えるかどうか**も意識して決めますか。呼吸することや見ることはどうでしょう。意識して選びますか。それともこの瞬間にいつの間にか呼吸したり見たりしている自分に気づくのですか。この瞬間にはいつも何かが起きていて、あなたはただそれに反応しています。この瞬間には何か生き生きとしたものがあります。あなたはそれに気づけばいいのです。そしてその中にゆったりとくつろいでいればいいのです。

そこで今日はできるだけたくさん、このリラックスした瞬間を体験してください。聞くこと、見ること、呼吸すること、考えることなどが、自分の中で自然に生まれては消えている事実に気づいてほしいのです。何度も何度も何度も、繰り返し気づいてください。それらのすべてに気づいてください。どうやって気づけばいいのか、などという方法論にこだわらないように。覚醒意識に気づけるようにならなければ、などと考えないでください。覚醒意識に気づく、ということはできません。あなた自身が覚醒意識であること、それしかできません。

瞬間に生きるという体験を実際にするまで、こうしたことは単なる言葉にすぎません。では体験とはどうやってするのでしょうか。自分が持っているものを使えばいいのです。あなたは聞くことができます。見ることもできます。呼吸することもできます。もちろん考えることもできます。自分ができることをしましょう。自分に何かを思い込ませたり、話をでっち上げたり、空想したりしないように。今日一日、自分のまわりに実際にあるものと深く関わってください。明日、またこの続きについて話しましょう」

手が挙がり、バーソロミューはリンダのほうを向いた。

「昨夜わたしがしたことを話してもいいですか」と彼女は大きな声で言った。

「わたしは何も考えませんでした。ただそこに何があるのか知ろうとしただけです。究極的にそこにあるものを見つけたとき、ものすごく感動してしまいました。それは、どう言葉で表していいかわからないのですが、恍惚感みたいなものでした」

バーソロミューは微笑んだ。

「人間の本来の性質は完全なる至福と恍惚なんですよ。あらゆる面において完全に調和がとれた状態です。悩みや苦しみの最中にも、人に拒絶されたり、愛する人に死なれたり、人に誤解されたり、頭が混乱したり、誰も信じられないと思うときにも、常に変わらず存在しつづけるものがあります。それを体験した人はエクスタシーと呼びます。わたしはこの恍惚感について何年も語りつづけてきました。リンダ、恍惚感について話してくれてありがとう。エゴがたえず演じつづける人間ドラマの陰には、人間性の完全な姿、至福が存在します」

彼は両手を大きく広げると、にっこりと微笑んだ。

「だからこそ、わたしがあなた方の最良の友だといえるのです。わたしがあなた方に望むものは何でしょう。わたしはあなた方に至福を、恍惚感を、完璧な調和を体験してほしいと願っています。わたしがあなた方を連れていこうとしている道は、苦しみに次ぐ苦しみの道ではありません。この美しい京都の街にいるのは、ここが自然にありのままに生きる方法を知っているからです。本来の自己はもともと自然の調和に満ちています。過去や未来が頭の中でガンガンうるさく去来していても、とにかくこの瞬間に意識を戻し、この瞬間に呼吸し、この瞬間に見て、この瞬間に聞いてください。それが自然の姿なのですから」

肉体の言葉

石のベンチの上でカメラやレンズ、露出計、フィルムの箱に囲まれて座っていたジョージが勇気を出して尋ねた。

「つき合いにくい相手とはどうしたらいいんですか。ノーと言えない相手に対しては、どういう態度を取ったらいいんですか」

「まわりの人たちから好かれ、大切な良い人だと思われたら、自分は幸せになれるとまだ多くの人が信じています」とバーソロミューは答えた。

「よく気をつけて観察していればわかることですが、世間というのはあなたに笑いかけるかと思うと、あなたを非難し、ときにはあなたに対して完全に無関心です。誰かと何らかの関係をもつたびに、人間の演じる分離ドラマの筋書きが表面化します。『僕のこと、気に入ってくれただろうか、それとも僕、嫌われたかな』『僕のこと、受け入れてくれただろうか』という疑問が、意識するにしろしないにしろ、頭に浮かびます。こうした思考が頭の中でただちに始まって、止むことを知りません。こうした頭の中の思考の代わりに、自分と相手を包み込んでいる広大な空間に意識を向けたらいかがでしょう」

バーソロミューは身を乗り出し、何人かに指を向けて話のポイントを強調すると、

「こうした人間たちを**空間という観点から**見ると、まわりの空間に比べて彼らがいかに小さな存在であるかがわかります。誰かと向き合っているとき、人はたいてい相手の目や口や体の動きを

見て、何らかの反応を読みとろうとしています。まるでネズミの穴の前で待ちかまえる猫のように緊張していて、そこには幸福感も至福も入る隙間がありません。餌を捕えることはできても、それ以上のものは得られないでしょう」と言って笑った。

「あらゆるものを包み込んでいる膨大な空間に気づいたなら、つまり、アイデアや観念や意見や物体や人間などをすべて包んでいる空間に気づいたなら、自分と〈相手〉との関係はこれまで思っていたよりも奥行きが深く広がりのあるものだということが見えてきます。そこにあるものの膨大さが見えると、相手が自分を気に入ってくれなくても、あまり気にならなくなります。あらゆるものが本来のサイズに戻って、小さなものは小さくなり大きなものは大きくなります。向き合うふたりの人間は、膨大なすばらしい空間の中にいるちっぽけな二個の肉体になります。

相手の反応が重要だと思うから悩むのです。相手をもっと大きな現実の一部として見られるようになれば、相手の反応だけが重要事項ではなくなります。『うまくやれたかな』『できるかな』『笑われないかな』などという心配が消えます。そうすれば、自分がどうしたいか決められます」

バーソロミューは反対側にいる人たちのほうに向き直った。

「こうした心配はどれも些細なことです。結局は、何が好きで何が嫌いかということは、刻々と変わりつづける人間ドラマの一部にすぎません。あなた方の態度や考えはしょっちゅう変化しています。こうした人間ドラマはそれを包み込んでいる膨大な〝空間〟を体験することに比べたらたいしておもしろくもない――そう思えるようになれば、たえず変化する自分の気持ちもユーモアの精神をもって眺められるようになります。すると、誰かからあなたのやっていることが気に入らないと言われても、怒り狂って相手を絞め殺したくなる代わりに、にっこり微笑んで、『そういう考え方もおもしろいですね』と本気で言えます。『何でそんなひどいことを言うんだ』と腹を立てなくてすみます」

バーソロミューは体を楽にして後ろに寄りかかった。

「まわりの人間や状況をいつも自分の思い通りにしようとすることが、どれだけストレスを生むかわかりますか。それに最終的には、思い通りにできたかどうかはたいして重要ではありません。もちろん、エゴはそういう言い方に反発しますが、あなたの本質に照らし合わせると、あなたの好き嫌いは本来、どうでもいいことなのです。人の好みや考えはたえず変化していて、服を着替えるよりも早く変わっているほどなのに、**本人が気づいていないだけ**です。今日死ぬ気で守ろうとする考えも、明日になると呆気なく捨ててしまいます。ですからこの問題に対するこだわりを捨てて、あなたのまわりには、例外なく、あなたに失望している人がいるのだと気づきましょう。あなた方はみな、人類の一部です。自分はあらゆるものを含んだこの人類というすばらしい全体像の一部なのだと自覚して、もっと肩の力を抜いて自然体で生きていくことはできませんか」

それまでノートに何か書き込んでいたローレルが顔を上げて聞いた。

「自分をもっと知ろうとしたら、自分がほとんどいつも不安を感じていることに気づきました。不安を感じながらどうすれば自分に目覚めていくことができるのでしょうか」

バーソロミューはそれに対して、「あなたが不安に感じるのは、自分をとても小さな存在だと思い込んでいるからです。人々は自分を知ろうとして、狭い概念である人格を自分だと信じる傾向があります。人に隠しておきたい部分や他人よりも〈劣る〉部分、ダメな部分を自分と同一視してしまいがちです」と即座に答えた。

彼はぐるっと見回して、「彼女の言っていることがわかりますか」と訊いてから、ローレルのほうに向き直ってつづけた。

「わたしが間違っていたら、間違っていると言ってください。彼女が言っているのはこういうことです。子どものころに困難な状況の下で育った人は、普通の人に比べてまわりに対する警戒心が強くなりがちです。まわりの人間がいつ自分を攻撃してくるかわからないと思うので、いつも警戒していなくてはなりません。不意に攻撃されたりしないよう、こういう人はまわりの人間の顔色をうかがうのが上手ですが、成人するにつれてこうした自己防衛を捨てたいと願うようになります。他人との間に壁を作るし、ストレスになって体に良くないからです」

彼は身を乗り出すと、いとおしそうに彼女を見つめた。

「あなたをひどい目に遭わせようとする人はもうあなたのまわりにはいませんよ。もちろんこのグループの中にもそんな人はいません。

これから三週間、このグループの人たちといっしょに、警戒心を解いてリラックスする練習をしてみてごらんなさい。この期間中、善悪を判断しないで、あらゆる出来事に素直に反応してみてください。体に向かってリラックスするように言いましょう。あなたの体はとても緊張していますから、繰り返しリラックスするように言い聞かせましょう。まずは気軽に話せる人を選んで練習してください。グループの中で一番苦手な人のところに行かないでください。一番話しやすい人や一番やさしそうな人と気楽に話す練習をしてください」

今度は残りの人たちに対して話をつづけた。

「ここで基本に戻りましょう。体の中には少なくとも三兆個の細胞があります。これら三兆個の細胞はあなたの心《マインド》が送り出すメッセージにたえず耳を傾けています。あなたは意識していないかもしれませんが、細胞たちはメッセージをひとつ残らず聞いています。あなたが何度も心《マインド》の中で繰り返すつまらない考えに耳を傾けています。細胞たちはメッセージを受け取っては拡張したり収縮したりします。安心できるようなことを聞くと拡張し、不安になるようなことを聞くと収縮します。ですから細胞に向かって、リラックスして拡張するように何度も言い聞かせましょう。緊張しているときには、細胞に向かってやさしく何度も話しかけましょう。マントラのようにやさしく繰り返し話しかけましょう。そうするとどんな状況にあっても、**細胞はリラックスして拡張します**。体の細胞を安心させるメッセージをたえず送ることは、自分に対する最高の贈り物です。

細胞がリラックスしていると、選択肢が増えます。〈かもしれない〉という可能性がもっとたくさん見えてきます。選択肢は多いほうがいいのです。異なる反応をたくさん選べるほうがいいのです。コチコチに緊張するのはもうやめて、リラックスしましょう。それぞれの瞬間の可能性を敏感に感じ取り、どの可能性にもオープンであってください。人間は心《マインド》と体が密接につながっていることにやっと気づきはじめました。心《マインド》が体にメッセージを送り、体はそれに反応します。こうした心《マインド》と体の共同作業の結果、人は健康と愛と光を感じたり、緊張と怖れと孤立感を感じたりします。どちらのメッセージを体が受け取るかはその人が決めることです」

ジムが手を挙げて質問した。

「人を裁かないとか、善悪の判断をしないとかよく言われますが、裁かないことと無関心であることとはどんな違いがあるんですか」

バーソロミューは一呼吸おいてから話しはじめた。

「人々は常におたがいを読みとろうとしています。まるで知的な点字読み取り術みたいなものですね。目が捕らえた情報を頭で解釈するわけですが、その反応として、自分に対してさまざまな指令を出すことができます。ひとつは、観察した内容に無関心であれという指令です。無関心は、無感覚で退屈な気分をもたらします。相手に対する何らかの評価を下したのですが、それを隠して無関心になります。もうひとつの指令は、そこにあるものをありのままに見ようという決断です。裁かないとはそういうことです。目の前にあるものを、ほかのものと比べたりせずに、ありのままに見るという決心です」

彼はそばにあるコンクリートの柱に手を置いた。

「ほとんどの人は見ると同時に考えています。わたしがみなさんにお願いしているのは、目に入った物について何か考えたくなる衝動を抑えて、ただ見てほしい、ということです。たとえばここにある柱を見ることもそうです。柱を見るなり、あなた方の頭は質問でいっぱいになります。どんな砂利が使われたのか、どこから砂利を運んできたのか、柱の強度はどれくらいか、セメントはどんな種類のを使ったのか、作るのに何日くらいかかったのか、誰が作ったのか、その人は今どこで何をしているのか、などと考えはじめます。そうすると、もう柱はここには存在しません。ありのままの柱ではなくなって、あなたが考えるような柱になってしまいます。

けれどもただ〈見る〉という行為に全意識を集中して見てみると、柱もそのまわりの空間も突然違ったように見えてきます。柱があなたに何かを語る必要はないのです。努力して柱と一体になる必要はありません。あなたはすでに柱とつながっています。すべてはひとつですから。意識をただ柱に向けてごらんなさい。そうすれば、柱は柱なりのやり方で生き生きとした姿をあなたに見せてくれます。

裁かないということと無関心であることのあいだには大きな違いがあります。その差はあなたが体の中でいつも感じているものです。愛とは、または裁かないことというのは、相手やまわりを変える必要をまったく感じずに、肩の力を抜いてあるがままの姿を受け入れた状態です。無関心というのは、今起きていることと自分とのあいだに壁を設けることです。そこにあるものとのあいだに距離を置く必要を感じているわけで、その瞬間に完全に意識を置いていません。あなたはその場を離れたわけで、自分の肉体を出たことになります。何らかの理由でその瞬間にいたくないと思って、その場から去ったのです」

バーソロミューは愛しげに柱を軽くたたくと、わたしたちのほうに向き直った。

「今日一日、まわりで起きていることを自分が受け入れたり拒否したりする様子を観察してください。まわりの出来事を好意的に見たり反発したりしている自分を観察してください。自分を叱りつけたりしないで、ただじっと観察してください」

彼は後ろにぐっと寄りかかると、膝の上で組んだ手を見つめながら、またゆっくりと話しはじめた。

「ここでちょっと肉体について話したいと思います。暑さと汗にすっかりまみれながらも、幸福この上ない気分でいることは可能です」

　そう言ってわたしたちのほうに指を突き出した。

「あなたの幸せは、天気や外界の状況で決まるわけではありません」と彼は強調した。

「今日一日、蒸し暑くて不快だという気持ちにはまってしまうと、一生に一度しか体験できないようなすばらしい体験をしそこないます。ですから暑さを心配するのはやめて、大きく深呼吸しましょう。そして暑さをはじめとするあらゆる事象を一瞬一瞬深く味わい尽くしましょう」

　彼はわたしたちのほうに向けて思慮深い視線を送ると、にっこりと微笑んだ。

「蒸し暑さという至福を味わってください。汗だくになったときの楽しさやバケツの水に頭をつけたときの満足感などを感じてください。肉体的な惨めさは数ある惨めさの中のひとつにすぎません。肉体的な惨めさと仲良くなると、肉体以外の惨めさにも耐えられるようになります。

　ということは蒸し暑さを感じなくてすむのでしょうか。いいえ、暑いのは変わりません。暑いかどうかは大切なことですか。いいえ。肉体的な不快感を避けようとしないでください。体の快不快にこだわっていると、人生を根底から変えてしまうようなすばらしい体験を逃してしまいます」

　彼の青い瞳がきらりと光った。

「惨めさからどんな至福が生まれたか、みなさんの報告を明日聞くことにしましょう」

　グループの中から自信のなさそうな笑いがもれた。

「冗談ですよ。でもとにかく、自分と暑さのあいだに壁を作らないように。蒸し暑いのにそれを不快に感じないようにしようと努力すれば、確実に惨めになりますよ。逃げないで、暑さを感じてください。では明日また会いましょう」

プラス思考の実践

メアリーマーガレットはマイクをはずすと、「今日は貸し切りバスで郊外のお寺を見学します」とみんなに告げた。

「八時四十五分にロビーに荷物を持って集合してください。バスは九時に出発します。水筒とハンカチを忘れないように」と、急いでホテルに戻ろうとする人たちに向かって言った。

ホテルの玄関を入るとすぐに受付があるのだが、狭いところにカウンターがいくつか置いてあって絵はがきや旅行案内書などが並べてあるので、余計狭くなっている。ロビーとは名ばかりで、バックパックを抱えた人間が二十人も並ぶのは無理だった。わたしたちは隣のレストランにまで入り込んでしまったが、幸い客は誰もいなかった。それぞれ、サングラスや帽子、傘や水筒などの持ち物を点検してから、人の持ち物まで確かめ合っている姿は、戦場に出かける兵士たちのようだった。ここかしこで、日焼け止めクリームを塗った白い鼻が京都の地図とにらめっこをしている。みんなのポケットはティッシュやクッキーなどの必需品で膨らんでいた。

　やっと全員の顔がそろい、ユーコがみんなを貸し切りバスのところまで連れていった。今まで見たこともないほど大きくてピカピカに磨かれたバスだった。制服を着た笑顔のバスガイドさんがわたしたちを迎えてくれ、中に案内してくれた。全員が柔らかなリクライニング・シートに着席すると、運転手はまっすぐなネクタイをさらにまっすぐに伸ばし、真っ白な手袋をきゅっと引っ張ると、エンジンをスタートさせた。エンジンがブルンとかかった。モニターのスイッチを入れると、小さなテレビの画面がつき、バスの後方を映し出した。運転手はスクリーンとバックミラーを交互に見ながら、上手にバスを後退させて道に出た。それからバスを車道に向けると、わたしたちは目的地に向かって走り出した。

　巨大な客船のごとく、バスは大通りを突っ走り、高層ビルにはさまれた狭い通りを右に左にと進んでいった。やがて緑の広がる田舎の一本道に出た。民家は陽炎にゆらいで後方に飛んで消え、熱いアスファルトの道を歩く人たちがひとかたまりになって現れては消えた。明日はわたしたちもああやって歩くのだ。でも今日は冷房の効いたバスで走り回れる。


　その日は万華鏡のように次から次へと珍しい物を見たり聞いたり体験したりした。最初にまず京都の北にある鞍馬に行った。千二百二十二年前に建てられたという巨大な寺院は静寂さの中に落ち着いた姿をたたえ、わたしたちを歓迎してくれた。わたしたちは寺院の小道を歩き、そこの水を飲み、木陰で休んだ。この寺院に心を動かされなかった者は誰ひとりとしていなかった。

鞍馬の南西にある大徳寺の境内は、何百年ものあいだ、禅僧たちが脈々とつづけてきた瞑想に満ちて、静けさもひとしおだった。大仙院の静寂の中では、突然聞こえた足音にわたしははっと驚き、板の間をすって歩く足袋の音に遠い昔の日本を想い描いた。枯山水の庭は人間と自然の年代記を語っているようで、わたしたちの目をなごませてくれた。

あたりの静寂に魂を清められ、時間が止まって、わたしたちはそこにじっと座っていた。すべてを吸い込み、すべてを吐き出す。また吸い込み、吐き出す。寺を出ると、太陽の照りつける中でソフトクリームを食べた。わたしたちは時の流れにしたがって動き、時は最後にわたしたちをホテルまで届けてくれた。

夕方、ジャスティンとメアリーマーガレットとわたしの三人でどこか食べるところを探しに出かけた。角にそば屋があったので立ち止まると、入り口の戸が開いていて、おいしい匂いが漂ってくる。どうぞお入りくださいと言われている気がしたので、中に入った。カウンターの後ろにいる男性は誰も英語が話せなかったが、わたしたちの日本語はかなりのものだった。

「テンプラソバ、クダサイ」とわたしはおぼえたての日本語をしゃべった。

「ビール」。ジャスティンはそう言ってから、「アサヒ」と指定した。

「アリガトー」。メアリーマーガレットはそう言って、軽くお辞儀した。

わたしたちのつたない日本語と身振り手振りが合わさって、大きなえびの天ぷらが乗ったおそばが無事運ばれてきた。冷たいビールの大瓶も五、六本ついてきた。わたしたちはゆっくりと時間をかけて食べながら、おいしい食べ物や親切な人々やこの土地のすばらしさについて語り合った。食事が終わると、今日一日があらゆる意味で成功だったことに深い満足をおぼえて、ホテルまで歩いて戻った。

8　京都の三日目――裁きの目で見ない。裁きの耳で聞かない。裁きの言葉を発しない。

部屋は真っ暗だった。わたしは靴の中に入れておいた小型懐中電灯を見つけようと、枕元の服を引っかき回した。エアコンがウーンと軽い音を立てている。布団の中は暖かくて気持ちがよい。エミーはすぐ近くでまだぐっすり眠っている。昨夜遅く、洋室から和室に移ったのだが、ふたりの布団で部屋はいっぱいだった。わたしは起きあがって懐中電灯のスイッチを入れ、腕時計を見た。午前三時五十二分。またか。うんざりして布団の中にまた入ったが、睡眠不足になったら困るな、家具をどこに移そうか、などと心配しはじめた。

メアリーマーガレットもジャスティンもわたしも、公園は集会場としてきれいだが暑すぎて我慢できないという意見で一致した。もっと静かで涼しい場所が必要だ。とにかくもっと涼しいところがよい。というわけで、ダーシーとシャロンが自分たちの部屋は幾分大きめだから使ってほしいと申し出てくれた。そこで集会の前に、部屋の家具をできるだけたくさんメアリーマーガレットたちの部屋に移そうということになった。そこでわたしはこうして朝の三時五十二分に、家具の移動について心配しているというわけだ。

もう眠れそうになかったので、わたしは布団からそっと起き出した。部屋はひんやりと肌寒い。わたしは服をさっとつかむと、敷居をまたいで小さなバスルームに入った。服を着て歯を磨いてから、また腕時計を見た。四時十分。部屋の出口まで音を立てないようにつま先で歩いていきながら、出がけにウォークマンを衝動的につかんだ。

階下はまったく静かだった。ホテルの玄関のガラスドアを通して、うっすらと明けていく真珠色の空に木立がぼんやりと見えた。わたしはホテルを出ると、ヘッドフォンをつけ、ウォークマンを腰のベルトにはさんだ。プレイのボタンを押すと、喜多郎の『十年』（注７）の最初の部分が両耳のあいだの空間にすべり込んできた。すべてがゆっくりと動いていく。わたしはまわりを見回した。鐘の音が頭の中でリンリンと小さく揺れている。歩いていくわたしの目の前で木の葉が踊る。早朝の空気はオパールのように乳白色に輝いていた。わたしの足は音と音のあいだに落ちていく。目に見えるものすべてが、音楽に合わせてお辞儀をしたり、横に揺れたり、体を曲げたり、ちらちらと揺れたり、流れたり、走ったり、パッと開いたり、ゆさゆさ揺れたりした。早朝の無の瞬間が完全なるハーモニーを紡いでいるようだった。

喜多郎と京都とわたしだけの時間。あふれる感謝の気持ちと喜びと幸せに満ちて、わたしはホテルに戻った。

早起きな仲間たちが何人かレストランに集まって、お茶を飲みながら静かに話をしていた。メアリーマーガレットもそこにいたので、ふたりでダーシーの部屋に行ってドアをノックした。ダーシーもシャロンもすでにシャワーと着替えをすまし、上機嫌だった。わたしたちは家具やバックパックやダッフルバッグや果物などを隣の部屋に運んだ。ダーシーたちの部屋はすぐに空になったが、その分、メアリーマーガレットの部屋が古道具屋のようになった。わたしたちは最後に残ったベッドを抱えたまま、部屋の入り口に立って、どこに置こうかと迷っていた。

「ちょっと。このベッド、どこかに置くの？　それとも午前中ずっとこうして立ってるわけ？」とベッドのもう一方の端を抱えていたダーシーが陽気な声で抗議した。

わたしたちは部屋の中にやっとの思いで入り、ベッドをほかのベッドの上に置いて、さらにその上にマットレスを積み重ねた。メアリーマーガレットが最後にテーブルランプを持って現れると、崩れそうな家具の山の上にそっと置いてから、

「わぁ、すごい。向こうの窓のところに大事な物を置き忘れてたら大変ね」と言った。

「ホテルの従業員はわたしたちのこと、変人だと思うんじゃないかしら」とダーシーが少ししょげた声で横から言った。そのとき、シャロンがドアから顔を出して、「バナナ、ほしい人？」とにやにや顔でわたしたちをからかった。

「もう始める時間よ」とメアリーマーガレットが助け船を出してくれたので、みんなぞろぞろと

部屋を出た。ほとんど何もない部屋の中で、全員が座り終わったころ、バーソロミューが現れて挨拶をした。

「おはようございます」と言って、両手をこすり合わせた。

「昨日空間を感じることについて話しましたが、みなさん練習しましたね。裁くことなく見たり聞いたり考えたりするという練習がどういう具合に進んだか、体験を聞かせてください。どなたか、話してくれませんか」

バーソロミューはわたしたちを見回すと、リーに向かってうなずいた。彼女はゆっくりとペンを下に置くと、両手を組んで、彼のほうを真剣に見た。

「お寺に行ったらお坊さんがお経をあげていました。単調な声がつづいていて、わたしの隣では赤ん坊が泣いていましたし、まわりでは人の話し声がずっと聞こえていました」

彼女はそこで一息つくと、またつづけた。

「わたしがここに来たときに期待していたのは、外国旅行のあいだ、精神を集中させるということでした。わたしが訪れる場所は、わたしだけのために静かにそこにあってほしいのです。もちろん実際にはそんなふうになったためしはありません。それがわかっていて、なぜいつもわたしはそうなることを期待するのか、自分でもわかりません。そこで昨日は肩の力を抜いて、まわりで起きている音を残らず聞いてみようとしました。そしたら、それをおもしろいと思えるようになりました。それまでのわたしは、自分が期待していた通りにならなかったらがっかりして、そのがっかりする自分に腹を立てていたのです。昨日の練習は非常にわたしのためになりました。わたしに必要なエクササイズでした」

「すばらしいですね」とバーソロミューは感想を述べてから、わたしたちのほうを向くと、「ほかにも同じような経験をした人がいますか」と尋ねた。彼は何人の手が挙がるか見てから、話をつづけた。

「いいですか。これは外界に関する練習ですが、内面の真理を反映しています。毎日の出来事を自分の思い通りに操作することはできません。外の世界を黙らせることはできません。赤ん坊は泣きますし、まわりの人は話しつづけますし、犬は吠えます。そうした出来事はあなたに関係なく起きます。大事なのはお坊さんのお経と赤ん坊の泣き声のどちらをとるかではありません。大事なのは〈すべてが起こるにまかせる〉という態度を学ぶことです。この点を理解してください。

これが実行できるようになると、非常に役に立ちます。行為は生まれては消えます。出来事も生まれては消えます。音も生まれては消え、感情も生まれては消えます。わたしたちだって、笑顔のときもあれば仏頂面をするときもあります。あらゆるものは膨大な〈何か〉の中で生まれては消えます。意識をとぎすましてください。ある瞬間にたまたま生まれたり消えたりしているものを、好きだとか嫌いだとか言い張ったりしないでください。次の瞬間にはそれはもう別のものになっているかもしれないんですから」

　バーソロミューは人差し指を口にあてた。

「それはちょうど、『しーっ、リーが静かにって言ってるよ』と言うようなものです」

　彼はにっこりした。

「『しーっ、静かに』と言っても何も変化は起きません。けれども子どもも騒音も不快感も、自分を誉めてくれる人も非難する人も何でもすべて受け入れたとき、変化が起きます」

　そう言って手をたたくと、彼は両手を広げた。

「すると突然、物事が生まれては消えるあのすばらしい広大な空間をあなたは感じます。そして、すべてを自分の思い通りにしようと緊張していた心《マインド》と体がゆるみます。

　いいですか。外の世界を自分の思い通りにしようとすることの弊害は、体がとても大きな代価を支払わせられることです」

　バーソロミューは首を振ると、今度は小さな声で繰り返した。

「とても大きな代価です。けれどもあらゆることが起こるにまかせられるようになると、体はリラックスしはじめます。やっと自分に合ったリズムで深く大きな呼吸ができるようになります。お寺での体験はあなたの人生の体験と同じです。こうした旅行に参加すると、外界で起こることに大きな期待を抱きがちです。そうした期待がはずれたときが、自分の感情を観察する良い機会です。

愛情を邪魔するもののひとつが、この〈期待〉です。まわりの人間がもっと思いやりがあって賢ければわたしの欲しいものや必要なものがわかるはずだ、と期待します。でもまわりの人がそんなに思いやり深くなるのは本当に可能でしょうか。人はこの落とし穴に何度も何度も落ちます。さらに悪いことに、自分自身に対しても人は期待を抱いていて、自分がもっとやさしく思いやりのある人間だったら、あんなことで怒ったりしないはずなのに、と自分を責めます」

バーソロミューは膝に手を置いて、身を乗り出した。

「けれども実際のところ、あなた方はやさしいときもあれば、やさしくないときもあるのです。限られた自我のままで常に愛情深くしていられると思うのは、傲慢以外の何ものでもありません。そんな考えは捨ててください。『わたしは常に完璧な愛を注がなければならない』というのはエゴの声です。この〈完璧な愛〉とはいったい誰の言う〈完璧な愛〉なのでしょうか。もちろんあなたの言う〈完璧な愛〉です。相手があなたの定義に同意しなかったらどうしますか。相手の考える〈完璧な愛〉があなたのと似ても似つかないものだったらどうしますか。期待というのは、エゴが好きなものや信じているものにもとづいて生まれます。**それだけのこと**です」

彼はまた体を後ろに戻した。

「今日の午後やってほしい宿題があります。自分とはまったく違う考えや反発さえ感じる考えに喜んで耳を傾け、それを楽しいと思う、という実験をしてください。ほかの人の考えや行動や欲望を**理解し**、その話を聞く**喜びに**専念してください。

魂としてひとまわり大きく成長したいなら、この宿題がぴったりです。ベラベラしゃべっている人がいて、その考えにまったく賛成できない場合、善悪の判断を脇に置いて相手と融合できる心境になれないか試してください。肩の力を抜いて、自分の考えといっしょにほかの人の考えや意見も合わせて包容できるような心の場所を見つけるのです。自分とは違う考えをおもしろいと思える中立的な心境です。リラックスして、まわりの人間や出来事をありのままに受け入れられるようになると、自分の中に安心感が広がってきます。そうすると、すべてのものはつながっていてひとつだ、という境地へだんだん導かれていきます」

「そうした融合の境地を感じたいと思います」とエレンが静かな声で言った。

「人を傷つけたと感じるときが一番つらいです」

「ひとつだけあなたに聞きたいことがあります。人を傷つけたと感じるとき、あなたは相手を傷つけようと思って行動したのですか。相手を傷つけることが目的でしたか。それとも〈傷つけた〉というのは、**一定の状況が起きたとき**にあなたが使う言葉なのですか。これは大変重要な点です。こうした瞬間に問題になるのはただひとつ、『わたしの動機は何か』です。もしそれが、『これからあいつを見つけて、歯が折れるまでぶん殴ってやる』だったら、人を傷つける行為と言えるでしょう。人を傷つけようと**決心**することが傷つけることなのです。あなた方が人を**傷つけた**というのは、たいていの場合、一定の出来事が起きたときに居心地悪く感じる気持ちのことです。

あなた方は誰でも、〈傷つけられた〉と相手が感じるようなことをいずれかならずします。この点をよく理解してください。限界のあるエゴ同士がいっしょに生きていく場合には避けられないことです。人を傷つけるというのは、ほとんどの場合、相手があなたのしていることを気に入らないという意味です。けれどもこれが、**〈人を傷つける〉**ということの本当の意味でしょうか。怒鳴るのは相手を傷つけることだと言います。けれどもときによっては、怒鳴ることで人の命が助かることもあるし、相手が内面の真理に目覚めることだってあります。ですからここでは、人を傷つけることがどういうことかという唯一の定義はないという可能性に同意してもらえますか。

あなたに傷つけられたと人が感じることも起こるでしょう。それを理解して、〈あるがまま〉の現実をリラックスして受け入れることをおすすめします。エゴとはそういうものなのです。自分は無害な人間だと思いたいという気持ちから自由になると、より深く創造的なレベルに移行できます。〈人を傷つけてしまった〉と悩むことは、自分のエゴが信じることと相手のエゴが信じることがいずれかならずぶつかり合うという問題なのです。双方の限られたエゴの解釈を超越して、真の意味での無害の状態にゆったりと存在することも可能です」

メアリーマーガレットが伸びをしたので、短い休憩をとった。

わたしたちが席に戻ると、パトリシアとメアリーマーガレットが愛と奉仕について話し合っていた。メアリーマーガレットが胸のスカーフにマイクをクリップでとめ、背をピンと伸ばして座ると、バーソロミューがまた話しはじめた。

「わたしがみなさんに何か標語を残していくとしたら、『魂の成長に苦労はいらない』というのがそのひとつでしょう。思いやりや温かくやさしい愛情も成長をもたらします。これについて少し話しましょう。

ニュージーランドで、〈奉仕〉について質問した人がいました。奉仕は人々を結びつけ、奉仕が生き甲斐をもたらす、とその人は信じていました。この男性の定義によると、奉仕は、善人でありたいという彼の願いが社会で実現した結果であり、愛ある行為でした。さらに、奉仕をすることによって〈点数をかせげる〉と彼は思っていました。本当にそうでしょうか。本当の奉仕とは何でしょうか」

バーソロミューは後ろに寄りかかると、楽な姿勢をとった。

「本当の奉仕というのは、愛があって、何らかの行動が適切だと感じられたときに自然に生まれる行為です。わざわざ奉仕と呼んでする行為ではありません。何かなすべきことがあるときになされる行為であって、成果を問いません。こうした行為と、何らかの成果を生むためになされる

〈奉仕〉とのあいだには天と地の開きがあります。自分のことを奉仕者だと思っている人は注意してください。奉仕をしているのは実はあなたのエゴかもしれません。もしそうなら、成果を得るのはエゴで、エゴにとっての成果とはさらに強大なエゴです。この点をよく理解するまでは、自分のことを軽く笑い飛ばして、奉仕のように見える行為をするのは、そうすると気分がいいし、そういう自分の姿が好きだからだと思ってください。

『わたしは奉仕をしなくてはいけない』『わたしは愛さなくてはいけない』『わたしは親切でなければならない』と言う人がいたら、その『わたし』はその人の限界があるエゴだと思っていいです。

例を話しましょう。クリシュナムルティが講演を終わると、ひとりの女性が近づいてきて、『わたしたちは同じ職業ですね』と言いました。その女性も世界各地で講演をしていたからです。けれどもクリシュナムルティは、『同じじゃありませんよ。あなたは講演する必要があってしているが、わたしはそうせざるを得ないからしているのです』と返事しました。彼の言わんとしたのは、彼女には講演をすることによってはじめて満たされるニーズがあるが、彼が講演をするのは愛の行為としてそうせずにはいられないからだ、ということです。クリシュナムルティは、『あと一年講演するのか、うれしいな』とも『あと一年講演するのか、嫌だな』とも思いませんでした。それはその時点における彼の生き方であり、いつ変わるかもしれない自然の行為だったのです」

パトリシアが質問した。

「魂が成長するには、エゴのぶつかり合いが必要なんですか？」

バーソロミューは微笑んだ。

「わたしたちが今話しているエゴの段階では、それが一番目につく方法ですね。外界で起きていることと自分の心の中で起きていることの関連性を観察するのは比較的簡単です。外の世界は内の世界を鏡のように映し出します。これは苦痛をともなうことだと考えられがちですが、鏡には美しいものも映し出されるということをほとんどの人が忘れています。

たとえば見事な絵画を見て、その絵の美しさと力強さに感動したとしたら、その絵もまたあなたなのです。でもほとんどの人はその絵が自分だとは思いません。あなた方は鏡を斜めに倒してしまって、周りの世界が自分のマイナス面ばかりを反映するようにしています。そして外界のすばらしい面や賢い面やポジティブな面は、自分ではないと思っています。ですから歩道の犬の糞は自分の反映かもしれないと思っても、自分が通った美しい門が自分の反映であるはずはないと思います。これは**意図的な選択**です。あなたがすべきなのは、あらゆるものをすべて受け入れることです。自分のまわりで起きていることはすべて自分なのだと知って、それに感謝し、自分のあらゆる面を隠さずに開いて、『あーあ、いい気持ち』と言える状態までリラックスしてください。人生のすべての面で『あーあ』と伸びをしてください」

今の瞬間にくつろぐ開放感

バーソロミューはメアリーマーガレットの腹を三、四回たたいた。

「禅ではこういうことを言っています。『腹の中には目の見えない仏陀がいるから、見えるようにせよ』。わたしたちがここで話しているのはそういうことです。これまでとは違う見方で見なさい、人生をもっと深く見るやり方で見なさい、ということです。限界があるエゴの立場とは違う観点から物事を見るようにしなくてはなりません。エゴは常に世の中を、善と悪、笑顔と仏頂面、男と女、喜びと苦痛などと二極化して考えます。

昨日、禅寺の庭で瞑想しているときに、おもしろい現象に気づいた人もいると思います。半眼で長いあいだ庭を眺めていると、ふたつあった砂山がいつの間にか消えて、ひとつの長く延びた砂山に変わります。ふたつに分かれていたものがひとつになって、しばらくすると砂山がまたふたつ現れます。この庭を設計した人は分離が幻想にすぎないと知っていて、こうした意識の変化を視覚を通して体験できるような場を作ったのです。この庭を設計した禅僧の技術は、今もこうして人々が腹の仏陀の目で見ることを可能にしています。

分離、そして〝一なるもの〟、そしてまた分離。これがこの世の本当の姿です。両方の見方が可能です。何かを眺めているときに突然奇跡が起きて、人はこれまでとはまったく違う見方に目覚めることがあります。そうなるには、それを受け入れる気持ちと練習が必要です。エゴは抵抗しますが、大丈夫です。心配いりません」

バーソロミューの真向かいに座っていたジュディスが身を乗り出して言った。

「昨日のことですが、ある一定の見方や感じ方をしたいという気持ちが湧いてきて、そうした欲望に対する執着を捨てたいと思いました」

バーソロミューは愛しげに彼女を見つめた。

「その場合の欲望を抱くことと執着を捨てることは同じことの表と裏にすぎません。あなたが本当に求めているのは、欲望を抱くことも執着を捨てることも両方とも存在する意識状態です。普通、欲望は何かに向かう気持ちを指し、執着を捨てるのは何かから離れる気持ちを指します。ここで必要なのは、その両方を含みながら、どちらの方向性も含まない言葉、強いて言えば、あらゆるものを完全に受け入れるという意味の言葉です。執着を捨てるというのは、ほとんどの人にとって、エネルギーを失い、興味あることから身を引き、無関心になることを意味します。けれども実際は、真に執着を捨てた人は完全にその瞬間に意識があって、すべてにいつでも関心を向けることができます。

偉大な導師や精神的指導者は物事に執着しません。導師は次の瞬間に何が起こるかと心配しないので、次の瞬間にまったく執着しません。その瞬間、そこにいる人や状況をまるごと受け入れ、そこにはどんな分離感も存在しません。まったく執着していないと言う代わりに、完全にそこに意識を置いているとも言えます。何に執着していないかというと、その瞬間がもたらす結果に執着していないのです。導師は自分の教えを聞き手がどう思うかということにまったく関心がありません。聞き手がどうするかはその人の問題です。導師の教えを聞いて、『何の役にも立たん』と文句を言えば、導師は『結構じゃ』と答えるでしょう。また、『すばらしい教えです』と誉める人にも、導師は『結構じゃ』と答えるでしょう。ですから執着をなくすことを、物事から離れるという意味に解釈しないで、そこに意識を置くと考えてください。今の瞬間にいてください。善悪の判断なしに、物事を見聞きしてください。吸う息や吐く息を意識しながら呼吸してください。あらゆるものが意識の中に入ってくるにまかせてください」

バーソロミューはぐるっとみんなを見回し、エレノアを見つけて軽くうなずくと、「あなたの体験を聞かせてください」と言った。

彼女はためらうことなくすぐに、「思っていた以上に、暑い中でも至福を感じました」と返事した。

「それはよかった」と言ってから、バーソロミューは、「もう少し詳しく話してください」と促した。

「えーと。すごくむずかしいんじゃないかと思っていたんですけど、大したことありませんでした。今起きていることに意識を向けるよう、自分に言い聞かせていましたから。昼間はとてもうまくいったんです。そのあと、みんなと夕食に出かけたら……」

エレノアは首を左右に振った。

「すっかり忘れてしまいました」と彼女が恥ずかしそうに言ったので、みんな笑った。

「お寺や庭園を見ているときには、とてもうまくいったんです。でも最後に人間と関わる場面に戻ってからは、そのことを忘れてしまいました」


「よくできました」とバーソロミューは大きな声で言った。

「各人の中にある目が見えない仏陀の話を思い出してください。仏陀の目を見えるようにするのが目標です。覚醒した人は物事の真理を見ることができます。覚者は、物事や人を変えたり、比較したり、分析したりする必要を感じません。愛は、純粋にあるがままに相手を受け入れる態度の中にあります。目覚めた仏陀の取る態度は、『あなたがわたしを好きだろうが嫌いだろうがかまわない。あなたがこの瞬間どんな人間であってもかまわない。この瞬間、喜びの中にわたしはいて、あなたの本質とともにこうしているだけで満足だ』というものです。

もちろんそのように思えるようになるには、時間をかけて練習しなくてはなりません。ですから練習をつづけてください。人を裁かずに見ることは可能です。前にも言いましたが、そのために役立つのは、目の前の人を包み込んでいる空間に意識を向けることです。繰り返し何度も、相手が立っている空間の広がりに意識の目を向けてください。相手のいる空間をまわりの木立や建物、その上に浮かぶ雲、そして空へと拡大していきます。これを何度も練習して、楽に視野を広げられるようになってください。この方法は非常に役に立ちます。というのも、どんなに困難な状況にあっても、まわりの空間の広大さを見ることに慣れてくると、目の前の状況が非常に些細なものに思えてくるからです」

バーソロミューはそこで体の向きを少し変えた。

「たとえば家族の誰かとうまくいっていないとしましょう。ふたりのあいだには何らかの確執が存在します。こうした場合にほとんどの人は、最初から最後まで問題を頭で解決しようとします。状況を分析し、比較検討し、判断を下します。どちらが正しくて、どちらが賢いか、自分の立場として何ができ、何をすべきで、何をしようかと考えます。それから相手が何をするか、何ができるか、何をすべきかと考えます。こうした思考は大体において何の役にも立ちませんので、もっと効果のある方法を提案したいと思います。

まず思い出してほしいのは、思考分析する頭以外に、あなた方を助け導いてくれるものがたくさんあることです。全体の状況を直感的につかんだり、その瞬間の体の感覚に気づいたりすることで、新たな情報が得られます。

誰かと問題が起きたときには、頭で分析する代わりに、こうした自分の中の〈別の部分〉を利用してください。相手の気持ちを自分も感じ、相手の不安を感じましょう。相手を取り囲む空間をできるだけ拡大してその広がりに目を向けましょう。体でその瞬間を感じ取って、知性ではわからない情報を見つけましょう。さらに、陳腐に聞こえるかもしれませんが、相手に愛の気持ちを送りましょう。『ふたりのあいだがうまくいきますように』というようなものでいいのです。思いを送ったら、その結果は考えずに、すぐ次の瞬間のことに意識を向けます。たとえふたりの関係が改善しなくても、少なくとも**あなた自身**はそれから大きな恩恵を得ます。あなたは心《マインド》も体もリラックスして、緊張が解け、束縛が減り、大きく広がります。

意識的にこうした努力をしない限り、人は昔ながらの傷つけ合う対応を繰り返し、そこには真の理解も癒しも生まれません。相手に本当に聞いてもらいたいメッセージを送りましょう。たとえば、『君の幸せを願っている。君のことが好きだし、できれば僕たちの問題をいっしょに解決したい』と言ってみましょう。相手のまわりの空間を見て、相手の幸せを心に描き、相手の体がリラックスしたところを想像しましょう。そして相手の幸せを祈るときには**心からそう祈りましょう**。心の奥で相手の幸せを願っていないのなら、この方法は使えません。ふたりの和解を**真剣に望む**場合にだけ有効です」

「相手が人間じゃなくて、出来事に対して心配している場合はどうなりますか」とエミーが途中で質問した。

「未来に対する漠然とした不安の場合はもう少しややこしくなります。過去は罪悪感で人を縛り、未来は予期せぬ災難の心配で人を縛る、と前にも話しましたね。誰の人生にも不幸は起きるものです。人生にはそうした可能性があるのだとまず認めましょう。誰にも明らかなこうした真理を見ないふりをするのはやめましょう。不幸な出来事があなたの人生にも起きませんでしたか。世界をあっと驚かす大惨事ではなくても、少なくともあなたの人生をひっくり返すほどの不幸だったのではありませんか。あなたを驚かせ、怖がらせ、心細くさせ、どうしていいかわからないと思わせたのではないですか。そうではありませんか」

何人もの人がうなずいた。

「あなたの意識の一部は過去の記憶のせいで臆病になっていることを忘れないでください。怖れの感情が浮かんだら、次の基本的な対応をおすすめします。**自分の中で怖れの感情が今作動しているな、と意識します。**それを定義しましょう。『まったく手のつけられない激しい恐怖が存在する』というように。口に出して言うだけでも恐怖が減ります。

怖れとともにあって、ときに怖れの陰に隠れているのが**ワクワクする気持ち**です。人生は変化を通して拡張し、新たな展開を見せるのだということを人間の意識は知っています。自分の人生に変化が起きるのは不安ですが、同時にワクワクするような動きの可能性もあることを知っていてください。地球の大変化について話すときにも、不安と同時に、古いものが壊れて新しいものが生まれる可能性にワクワクする期待感がありませんか。

　変化が激しい苦痛や苦悩をもたらすとわかっているのに、こうしたワクワクする気持ちの存在を認めることは容易ではありません。けれどもどうか勇気をもって、地球の大変化がすばらしいチャンスをもたらすかもしれないと認めてください。人生の目的が権力の獲得ではなく、人類の平等であるような〈未来〉の社会に住むとしたらどんなだろう、とちょっと想像してみてください」


　バーソロミューはにっこり微笑んで、ジョージに向かって手招きすると、「昨日とてもおもしろい経験をしたそうですね」と尋ねた。

　ジョージはしばらくうつむいて自分の手を見つめていた。

「鞍馬山の大きなお寺で写真を撮っていました。そのあと、座ってお寺の内壁に寄りかかっていたら、涙が出てきたんです」

　そう答えた彼の声には自分でも信じられないという響きがあった。

「その日一日中、どのお寺に行っても、わたしは泣き出しました」。そう言って彼は自分の右頰をさわった。

「泣くたびに、頰のはれがひいていくようでした」と言い終わって、ジョージは沈黙した。

「そうでしたね」とバーソロミューは同意した。

「あなたは頭がいい人だから、自分の癒しの鍵となるものにもう気づいたことでしょう」と顔の右側を指さして、話をつづけた。

「顔のこの部分に何らかの障害がある場合、それは涙をこらえている場所だとも言えます。残念なことに、あなた方の社会では泣くのは男らしくないとされています。ですから悲しみの涙を我慢してしまいます。健康を取り戻すには、体内に蓄積された悲しみをその人なりの方法で心ゆくまで洗い流すことが不可欠です。泣くのもそのひとつです。ジョージ、もうこれ以上涙が出ないというほど、思い切り泣いてみてください。そうすれば、体の奥深くに閉じ込められている悲しみや苦しみが少しずつ洗い流されていきます。悲しみが消えはじめると、病気も消えはじめる可能性が出てきます。これからもどんどん泣いてください。ほかの人は、ジョージが泣いているのを見たら、そっとしておいてあげてください。遠くからやさしく見守ってあげましょう。そしてたまにはティッシュを差し出してあげてください」

バーソロミューは上体を起こすと、しばらく黙っていた。

「なかには抵抗を感じる人もいるでしょうが、今日、ひとつ実験をしてみたいと思います。まず、自分の体について自分が今どう感じているか、調べてみてください」

みんなは目を閉じて、指示に従った。

「自分の体について自分がどう思っているか感じ取れたら、自分に向かって次のように言ってください。『**わたしはこのすばらしい体を心から愛し受け入れます**』。自分の気持ちとはまったくかけ離れた言葉かもしれませんが、とにかく言ってください。それからしばらくじっとして、自分が受け入れられたという感覚を味わいましょう。頭で考えるだけではダメです。とにかくやってみてください」

みんな一言もしゃべらずに、自分がすばらしい体を持っていると感じ、それを心から愛し受け入れようと試みた。するとクスクス笑いが漏れてきた。

「まず最初に何が起こりましたか」とバーソロミューが尋ねた。

「リラックスしました」「生き生きした感じ」「あったかい気持ち」「うれしさ。あふれるうれしさ」などという答えが聞かれた。

「ありがとう。ではこれから今日一日、自分に向けてこのメッセージを繰り返し送りつづけてください。心をこめて言いましょう。言ったあと、体がメッセージを受け取るまで、しばらく待ってあげてください。これを今日数百回繰り返してください。みなさん、**数百回**ですよ」

彼はそう繰り返して強調した。

「**わたしはこのすばらしい体を心から愛し受け入れます。**あなたの体は生まれてから一度もこんなメッセージを聞いたことがないかもしれませんね。あなたが自分の体にしてきたのと同じ調子で、友人に批判的な言葉を浴びせつづけてごらんなさい。友人はとっくの昔にあなたのもとを去っていたでしょう。あなたは自分の体を侮蔑する言葉をたえず心の中で繰り返してきました。これを何年もつづけてきたでしょう。わかっていますか」とバーソロミューは厳しい顔をして訊いた。

「この中に肉体や精神上の問題を抱えている人がいたら、このエクササイズはその人の問題を理解し癒すのにぴったりのエクササイズです。つきつめれば、病気の存在は、ひとつには神意識の荘厳さやすばらしさに対する抵抗なのです。あなたの頭は『僕の体はすばらしくなんかないぞ』と言います。**頭**の言うことなんか気にしないでください。あなたの体の**細胞に**メッセージを聞かせてください。カラカラに乾ききった砂漠の地面が水を待ち望むように、細胞は感謝や受容の言葉を待ち望んでいます。体の細胞の協力なしに癒しは困難です。ですから体の細胞に新しいメッセージを送りつづけて、どうなるか見てみましょう。午前中、午後、夕方と、何か変化があるか気をつけて観察しましょう。**些細な変化に気をつけてください。**

その結果、さまざまな感情が湧き出てくるでしょうが、びっくりして逃げ出したりしないでください。反対に、そうした感情が生まれては消えていくのを観察しましょう。退屈に思ったり、居心地悪く思ったり、抵抗したり、恥ずかしい気がしたりするかもしれません。ただそれを感じてください。それについて考えないこと。逃げ出したり、変えようとしたり、避けたりしないで、それを受け止めてください。その瞬間に意識を集中して、じっくり観察していれば、自然に真理が顔を出してきます。ですから根気よくやってください。明日の朝、またお会いしましょう」

成功もあれば失敗もある

人々はさっさと部屋から出ていき、わたしたちは集会場となった部屋を元通りに戻した。三十分後、みんなは水筒につばの広い帽子、日傘代わりの雨傘を装備して、ホテルのロビーに集合した。バックパックを背負い、冷房の効いたホテルを出て、京都駅行きの五番のバスに乗るために近くのバス停まで歩いた。今朝はこれから電車で奈良まで行って、有名なお寺をいくつか見て回ることになっていた。わたしたちのグループは自信満々でバスに乗った。なにしろ行き先の京都駅がどんな建物かもう知っていたので、標識が読めなくてもバスの運転手に聞けなくても大丈夫だと思ったのだ。バスの後ろから乗って、前から降りる。降りるときに箱に百五十円入れる。それだけ。簡単なことだ。

けれどもまったく予期しなかった問題が起きた。地下鉄の駅を京都駅の入り口と勘違いしたのだ。バスから降りて間違いに気づいたときにはバスのドアは固く閉まっていた。幸い、パニックに陥ったのも二、三分だけで、同じ方向の五番のバスにまた乗ればいいのだと気づいた。やっと駅に着いたら、ユーコが待っていて、電車のホームの番号も調べてくれていた。わたしたちはレールパスを駅員に見せて改札を通り、電車を目指して走った。

奈良駅を出たとたんに、むっとする熱気に包まれ、わたしたちは地図を片手に目的地に向けて歩き出した。百メートルも行かないうちに、暑さに弱いわたしの体は反乱を起こしかけた。わたしはバーソロミューからその日の朝教えてもらった『**わたしはこのすばらしい体を心から愛し受け入れます**』というマントラを真剣に唱えていた。が、それに抵抗する力のほうが圧倒的に大きかった。

まるで皮肉だわ、とわたしは思った。**この暑さに耐えられないだけでなく、このマントラとの葛藤で余計に肉体の不快感が増している。**

次の百メートルもわたしは頑固に抵抗したままだった。ほかにも暑さと格闘している人たちがいたので、道端の茶屋に入って何か冷たいものを飲んでいくことにした。厳しい環境下での生存訓練を豊富に体験しているラリーが、真っ赤になったわたしの顔を見るなり腕をつかんで店の奥のテーブルに連れていき、その途中で、冷たい水も注文してくれた。

二十分後、みんなは生き返った気分になって、奈良公園へ向かって行進を再開した。わたしは体がふたたび暑さに負けそうになったので、別のマントラを試すことにした。『**リラックスして手放す**』。リラックスして暑さを手放す。リラックスして苦痛を手放す。そして、そうだ、リラックスして、思い通りになってくれない体へのイライラを手放す。大きな視野に立って、自分の体に起きていることを受け入れ、さらにまわりで起きていることにも意識を向け、しかもそのすべてを抵抗せずに受け入れるというのは、一瞬ごとに格闘しなければならないむずかしい作業だった。

熱気にやられて痛むわたしの目に、三重塔と五重塔が赤と金色のぼんやりした塊になってちらっと見えたと思ったら、その近くに涼しそうな四角形の建物が見えて、そちらのほうに心がひかれた。興福寺の東院だった。すぐ近くなので、これで暑気からしばらく解放されそうだ。ユーコがみんなの入場券を買っているあいだ、メアリーマーガレットがハンカチをぬらしてわたしの首に巻き、建物のほうに連れていってくれた。巨大な木造の扉が開かれていて、薄暗い内部がかいま見られた。わたしたちは中に入り、一段と高い敷居にそって座った。建物はその内部にひんやりとした静寂の空間を秘めていて、線香の匂いがかすかに漂っていた。まわりには四天王像や十二神将像がいかめしい姿で立っている。わたしはぬれたハンカチを首に巻き、ぬれた帽子をかぶったまま柱にもたれて座り、心臓の鼓動が静まって体の熱が冷めるのを待った。

お寺を出て、奈良公園の入り口に近づいた。木陰になった広い歩道の両脇には出店が並んでいて、絵はがきや彫り物、冷たい飲み物やアイスクリーム、本やポスター、扇などが売られている。子どもたちが四、五人、セロファンの袋に入った大きなせんべいを手に店から出てきた。やがて、せんべいは子どもたちが食べるのではないことがわかった。一頭の美しい赤鹿が子どもたちの群にやってきて鼻で押したり角で突いたりして餌をねだると、子どもたちは笑い声をあげたりキャーキャー叫んだりしながら、鹿にせんべいをやった。そのうちどこを見ても鹿だらけになったが、ここの鹿は胴体に大きな白い斑点があって、まるで大きくなりすぎた子鹿のように見える。鹿はあまりに人なつっこくて、うるさいほどだった。

わたしはカメラのフィルムを交換しようと木陰に入り、ひざまずいた。交換作業にすっかり夢中になっていたわたしは、ズボンの後ろポケットに入れておいた公園の地図を何者かが引き抜こうとしているのにすぐには気づかなかった。振り向くと、大きな角のある鹿の顔がすぐ目の前にあって、わたしの地図を食べていた。わたしが地図をつかんで引っ張ると、鹿も引っ張り返した。『これは食べ物じゃないの』とわたしの理論的な精神《マインド》が叫んだ。鹿はひるむことなく、うるんだ大きな茶色の瞳をわたしに向けて食べつづけ、地図をつかんでいるわたしの手にますます近づいてきた。わたしはいっそう力を込めて引っ張ったのだが、鹿も諦めない。わたしがまた引っ張ると、鹿は頭をぐいと持ち上げた。地図が破れ、わたしは尻もちをついた。鹿はまだ口をもぐもぐさせながら、わたしのほうを思慮深い目で眺めている。わたしは地図の残骸を横目に埃をはらって起きあがった。鹿のことはもうかまうまい。わたしは帽子とカメラを手に取ると、仲間を捜しにそこを立ち去った。

東大寺でほかの仲間たちに追いついた。中央の大仏殿には巨大な釈迦像が安置されている。高さ十六メートルの大仏は世界一大きな青銅像だ。大仏殿は一七〇七年に再建され、元の大きさの三分の二になったそうだが、それでもなお世界で一番大きな木造建造物だ。大仏殿に入るには広大な芝生を二分する砂利道を通っていくが、視界を邪魔する樹木がないので、大仏殿の全景を一望できる。風雨にさらされて黒ずんだ梁に支えられた白い二階建ての大仏殿は、遠くから眺めると、荘厳だが簡素である。砂利道に足を踏み入れたときから、わたしは一歩ごとにその巨大さを実感していた。それは実に不思議な感覚で、自分が縮んでいくようでもあり、建物がだんだん大きくなっていくようでもあった。入り口の階段の前で止まって、ほぼ真上、十六メートル上に目をやった。屋根の両端を飾る沓形《くつがた》（太古の靴の形をした火除けのまじない）を近くで見たかったからだ。

もっと驚いたのは、敷居をまたいで、そこに大仏像が巨大な姿を現したときだ。わたしは何とも言えない深い感動をおぼえた。何世紀にもわたって何万何十万という参拝者の敬愛を受けてきた大仏には、そうした人々の思いが込められていて、どっしりとした存在感があった。ひんやりとした薄暗い内部の空気に癒されて、暑さも疲れもどこかに消えてしまった。そこにいると、あたりの静寂が体の隅々にまで浸透してくるようだった。わたしたちは、惑星のまわりを大きな軌道を描いて静かに回りつづける月のように、大仏像のまわりを何回も歩いた。一時間後、深い静寂に包まれてわたしたちはそこを出て、タクシーで奈良駅へ向かった。京都まで電車で行き、京都駅からは何人かが五番のバスに乗って帰ることにした。今度は誰も間違わなかった。わたしたちのバス停の前にある平安神宮の赤い鳥居は容易に見分けがついたからだ。

その夜はみんな疲れていて、ホテルで夕食をとった人が多かった。わたしは廊下の自動販売機からアサヒビールを買うと、冷房の効いた部屋に戻った。同室のエミーはうわさに聞いた地下の大浴場を探しに行き、わたしはビールと本とアスピリンを抱えて布団にもぐった。深い眠りに落ちながら最後にわたしが聞いたのは、頭の中で繰り返す自分の声だった。

わたしはこのすばらしい体を心から愛し受け入れます。

（注7）喜多郎はニューエイジ音楽の作曲家。『十年』は一九八八年にジェフン・レコード社より発売されたアルバム。

9　京都の四日目——心《マインド》と体と癒し

翌朝目が覚めると、ほんのかすかに白みかける空が窓のすりガラスを通して見えた。今日のバーソロミューのチャネリング集会は三時間の予定だ。わたしたちは会場をまた変更することにした。京都での残りの何日間か、集会のたびに部屋と部屋のあいだで家具を移動しつづけるのはスタッフに申し訳ないというので、わたしとエミーの部屋を会場として提供することにした。ほかの部屋より小さめだったが、和室なので、押し入れに物を押し込めば充分スペースがとれるはずだ。

わたしは浴衣をひっかけると、バスルームに飛び込んで、昨夜から洗面台につけておいたブラウス二枚をしぼって干した。歯を磨いて顔を洗うと、目も覚めて、さっぱりした気分になり、早朝の散歩に出かけるのにちょうどいい。着替えをすますと、音を立てないように注意しながら階下へ降りていった。玄関を出たとき、まだ四時半だったが、空はすでに乳白色に変わりつつあった。街が目覚めて蒸し暑い一日がまた始まる前に、こうしてひとりで早朝の街を歩くのがわたしの楽しみになった。

左に曲がってから右に曲がり、わたしは平安神宮前の大きな鳥居に向かって歩き出した。乗用車が背後から走ってくると、そっと横を通り過ぎていった。車は道の突き当たりで停まり、男性がひとり降りた。彼は足早に歩道まで歩いていくと、神宮に向かって立ち止まった。しばらくたたずんだ後で、突然両手を三回たたいて、深くお辞儀をした。上体を起こすと、車に飛び乗り、急いでUターンしたかと思うと、来た道を戻っていった。

急に喜びがこみ上げてきて、わたしは大きな笑い声を立てると、角までダンスのステップを踏んだ。歩をゆるめながら、わたしはあたりの静寂を吸い込み、木の葉の美しさや竹造りの門のカーブに感心したり、木陰に生えた苔や樹木のあいだにちらっと覗く夏みかんを見つけてはそれに感激したりした。

突如、キーキーとけたたましい鳴き声が空にこだました。道を渡って見に行くと、広葉樹に白い鳥が数羽とまっていたが、まわりは細い金網で囲まれていた。動物独特の鼻をつく臭いがあたりに満ち、そこが小規模の動物園だと教えてくれた。元きた道へ戻って小川を渡ると、そこには一羽のシロサギがくちばしで餌を探しながら歩いていた。やがてサギは羽を広げると舞い上がり、金網の鳥たちの頭上を越え、自由を象徴する点となって乳白色の空を横切っていった。

こうした貴重な瞬間を忘れてしまうのではないかというかすかな不安が頭をもたげた。思い出をしっかりと心に刻みながら、わたしは黄金の瞬間を独り占めする守銭奴のような気がしていた。将来のつらい時期に引き出せる預金のように、幸せな瞬間をできるだけたくさん貯蓄しておこうとしているのだろうか。いつの日か心の貧困に悩むかもしれないという不安が、金属を腐食する酸のように、現在の喜びを消してしまった。ホテルへの帰り道、わたしはこの体験から学んだことについて考えをめぐらせた。

そのことから頭が離れないまま、わたしはホテルの階段を三階まで登って部屋に戻った。ドアを開けると、水音が聞こえて、エミーが顔を出した。「おはよう」と明るい笑顔で挨拶してから、「もうすぐ洗濯終わるところよ。洗濯物は邪魔にならないように風呂場に干すわね。部屋の片づけは朝食の前にする？　後にする？」と尋ねた。

「今、しよう」とわたしは答えた。「そのほうが安心だから」

エミーは赤茶色の髪に最後のブラッシングをすると、バスルームから出てきて、「メアリーマーガレットはどこに座ればいいかしら」と訊いた。

「押し入れにしまってあるテレビの台はどう？　部屋の隅に置けばいいわ。窓のそばの」とわたしは答えた。「座っても壊れないわよね？」

エミーは押し入れの中に頭をつっこんだ。ぶつぶつ言う声が聞こえ、座布団や洋服やスーツケースなどが少しずつ部屋のほうに押されて出てきた。やがて「あった」という勝利の声とともに、エミーはわたしにテレビの台を手渡すと、お尻からはいずり出てきた。テレビの台は木製で、九十センチくらいの高さだった。わたしはそれを床に置いて座ってみた。

「しっかりしてるけど、座り心地が悪いわね」とわたしは顔をしかめた。

「これ、どう?」とエミーが座布団を投げてよこした。

「ぴったし」。わたしは部屋を見回した。「布団を広げて床に敷いたらいいわね」

「壁に立てかけたらどうかしら。背中をもたせかけるのにいいんじゃない?」とエミーが言った。

「グッドアイデア。じゃ、座布団をとってきて、空いたところに敷くわね」

「カーペットより畳のほうがわたし、ずっと好きだわ」

わたしたちは急いで荷物を押し入れにつっこんだ。エミーはエアコンのスイッチのところにかけてあった洋服をバスルームに持っていって、シャワーとドアのあいだにかけた。部屋を検分してわたしたちは顔を見合わせた。

「上出来ね。全員座れるんじゃないかな。ひとりかふたり、入り口のところに座れば大丈夫よ」とエミーは上機嫌で言った。

「押し入れのドアがパンパンに膨らんでるわね」

わたしが自分の観察を述べると、「さわらないでよ。食事に行こう」とエミーが誘った。


ロビーに入ったとたん、トーストと醬油の混ざった匂いがし、皿をカチャカチャいわせる台所の音や、日本語と英語の話し声などがごっちゃになって聞こえてきた。ローレルとリーがフロントの後ろにある流しで氷水を水筒に詰めていた。ジムはカウンターで紅茶のお代わりをついでいる。ヨーコがわたしたちは一台のテーブルにくっつくようにして座った。今朝がはじめての顔合わせだったので、わたしたちは一台のテーブルにくっつくようにして座った。エミーは和食を注文し、わたしは洋食を注文した。和食が運ばれてくると、エミーは生卵を割ってご飯にかけ、漬け物を乗せて、それに醬油をじゃぶじゃぶかけた。それから箸を器用に使って食べはじめた。

「うん、今朝のご飯はおいしい」と言って、彼女はお茶をすすった。「この紫色のものは何かしら？」

ちょうどそこにユーコが通りかかったので、エミーは彼女を引き止めて質問した。

「塩漬けのキャベツを刻んだものです」とユーコがにっこりして答えた。エミーは漬け物をご飯に乗せると、また食べつづけた。

わたしの朝食が運ばれてきた。わたしはバターを塗ったぶ厚いトーストにジャムを塗り、ゆで卵の殻をむき、コーヒーに砂糖とクリームを入れた。トーストにかぶりついたわたしをジュディスが肘でつつき、「ご飯と漬け物が嫌いなの？」と訊いた。

「好きよ。でもちょっと休憩してるの。昨日、ご飯と生卵の上に間違ってお醬油の代わりにお茶をかけちゃったのよ」とわたしは昨日の朝の失敗をくやんで答えた。

それを聞いてジュディスは笑い、わたしたちは朝食をすませて、二階に向かった。部屋に戻ると、入り口にはすでに靴が並んでいた。中に入ると窓が開いていて、何人かが屋根の向こうを眺めている。メアリーマーガレットがわたしたちの急ごしらえの椅子におそるおそる座ると、体を揺らして強度を確かめていた。ロバータとラリーが布団の上に寝そべったまま体をぶつけ合ってふざけているあいだ、ほかの人たちは座り心地の良い場所を探していた。

メアリーマーガレットがマイクをブラウスにつけ、水を一口飲み、色鮮やかなスカートをまっすぐに伸ばした。彼女が壁に背をもたれて目を閉じると、みんなもやっと静かになった。

「みなさん、おはようございます」とバーソロミューは口を開いた。

「今日は三時間の予定なので、まず一時間半話して、十分か十五分の休憩のあと、またはじめます。こうしてあらかじめ予定を話すのは、みなさんの体にそれほど遠くない将来に助けの手が伸びることを知っておいてほしいからです」とニコニコしながら言ったので、わたしたちはわけがわからず少しとまどった。バーソロミューは瞳を輝かせながら、話をさらにつづけた。

「体の細胞がどのように機能するかが理解できると、心《マインド》と体がどのようにして共同作業をするのかがわかります。この点を理解してもらうために、今日はジャスティン・ムーア氏に、癒しに関する貴重な体験談を短くまとめて話してもらいます」

ジャスティンは話し上手だし、人前で話すのが好きだ。期待に胸をおどらせているわたしたちを前に、彼はマイクを調節し、両手を組んで膝を抱きかかえると、話しはじめた。

細胞の変容に関する本当にあった話

「六週間ほど前になりますが、メアリーマーガレットはニューエイジ誌に去年掲載された記事（注8）のコピーを受け取りました。その記事はニロ・マーコフ・アシスタントという女性の体験を書いたものでした。事の始まりは、彼女が米国東海岸の瞑想センターで働いていた一九八四年のことです。そのセンターは以前バグワン・シュリ・ラジニーシと呼ばれていた和尚の関係する組織でしたが、彼女はそこの瞑想会でナドという男性と知り合いました。ナドは彼女のところに来て、僕は君の夢を何度も見たが、今日の瞑想会でそれが君だとわかった、と言いました。

その後しばらくして、ニロとナドは同棲をはじめたのですが、やがて彼はふたりの関係に興味を失い、彼女に冷たくするようになりました。最初は、ダンサーであり詩人であり画家でもあるナドには自分だけの時間が必要なのだろうと解釈していたのですが、どうもそれだけではないようだと彼女も考えはじめました。翌年になると、彼女の体におかしな症状が現れはじめました。夜中にひどい寝汗をかいたり、四十度もの高熱が出たりするうえ、体中に鋭い痛みが走り、潰瘍ができ、下痢もつづきました。医者は原因がわからないと言うし、症状は悪化するばかりでした。それでもしばらくは症状を無視して、センターで普通通りの生活をつづけていました。

オレゴン州の本部から瞑想センターの閉鎖命令が出されたあと、ニロはスペインに行って集中的な呼吸セラピーを受けたのですが、その結果、多くの発見がありました。自分は本当にしたいことをしていないのではないかという不安や、ナドとの恋愛が望み通りに発展していない悩みに直面することができました。また、自分が重い病気にかかっていることをこのときはじめて認めたのです。

アメリカに戻った彼女は、ニューヨーク州の海岸沿いにある大邸宅の管理人としてナドといっしょにまた暮らしはじめました。そのころ、オレゴン州の本部からナドがＨＩＶ陽性だとの知らせが入りました。それを聞いたニロはすぐに、自分の症状もＨＩＶウィルスのせいかもしれないと気づき、ふたりで州の保健所に検査に出かけました。検査の結果がわかるまでの六週間、彼女は、自分がエイズのはずはないと思ってみたり、自分を感染させたナドに激しい怒りを感じたり、エイズではないだろうと期待してみたり、感情の波に大揺れに揺れました。

やはりエイズだったとの検査結果を聞いた彼女は、ふたたびナドへの激しい怒りを感じたり、現実を否定してみたり、被害者意識に陥ったりしました。かかりつけの医者のところに行くと、治療法は現在のところないと言われましたが、医者から率直に説明してもらったおかげで、自分の置かれた現実をはじめて受け入れることができました。ここにきて、ナドといっしょに暮らすことは精神的にあまりにつらすぎると感じて、彼に出ていくよう頼みました。残された日々を最高の環境で過ごしたいと思ったのです。

ある日カレンダーを見ていて、医者の診断では、自分はあと四百五十一日しか生きられないのだと悟りました。その瞬間、彼女は一刻一刻がいかに貴重であるかに気づいたのです。時間は止まってくれません。彼女はこれを頭でなく、体で理解したのです。

そこで自分が心からしたいと思うことをしはじめました。瞑想をするのがよいという気がしたので、もっと長時間の瞑想をすることにしたところ、瞑想中に、日常生活をどのように送ったらよいか、イメージが現れるようになりました。ひとつは、起きて動ける時間に、毎日三つの目標を立てて、それを実行することでした。たとえば、小切手帳の収支を合わせる、裁縫やマニキュアをするなどという簡単なことですが、とにかく毎日三つのことをするわけです。

ある日、ラジニーシのクンダリーニ瞑想法といって、騒々しい音楽と激しい体の動きを使った瞑想をしているときに、停電になってしまいました。そのとき、彼女に自分の体の中が見えたのです。彼女の内臓はどれも汚い黄緑色の粘液でおおわれていました。その光景にぞっとした彼女は、イメージ療法を使うことにしました。それも、黄金の光で内臓を洗うなどという生やさしいイメージではなく、本物のナイアガラの滝を洪水のように体内に流して内臓をきれいなピンク色に変えるというイメージでした。

それから食生活も変えて、液状タンパク質を主にした減量食をはじめました。それがいいと思えたし、どうせ死ならすらりとした美しい体で死にたいと思ったからです。それを数カ月つづけたあと、固形食に戻りました。日常生活の中で意識をとぎすます訓練として、彼女は一瞬ごとに『今、何が起きているか』と自分に問いつづけました。『今、何が起きているか。自分は今、台所に立っている。足元のタイルが冷たい。今、小麦粉を計っている』という具合に、完全に今の瞬間に意識を置くようにしたのです。

　また、一日に二回、朝と夕方に散歩することにしました。三月のある日、海辺を散歩しているときに、海は自分の先生だと気づきました。海がとても大切なことをいくつか教えてくれていました。浜辺に打ち寄せる波は一つひとつ違う。その波が無限の海に引き返していくと、今度は代わりに別の波がやってくる。海は循環する生命でした。そして心臓の鼓動のように、拡張しては収縮します。彼女にも拡張した気分の時期が訪れますが、やがて意識が未来に入っていくと、『ああ、どうしよう。わたしはもうすぐ死ぬんだ。こんないい気分でいられるはずがない』と思って、拡張した気分を押さえてしまいます。

　これが理解できた彼女は、肩の力を抜いて、精神《マインド》が拡張したり収縮したりすることに抵抗しなくなったのです。

　ある日、海岸を散歩しながら、彼女は自分の踏む一歩一歩を鋭く意識していました。まるでその一歩が最後の一歩であるかのような気持ちで歩いていました。立ち止まって海のほうに向き直り、両腕をあげると、和尚が目の前に現れました。和尚はもはや偉大な指導者ではなく、彼女と同じレベルの対等な者としてそこにいました。ふたりは抱擁を交わし、彼女は悟りを得ました。意識が大きく開いて、たとえどのような死に方をしようと、エイズで死のうと交通事故で死のうと、自分は目覚めた意識をもって死ぬのだとわかりました。それ以外に大切なことは何もない。これもまた拡張のひとつの形なのだ。ごく普通のことであり、当たり前のことだ、と悟ったのです。

　ニロはこの時点で、保健所でエイズの再検査を受けてみようと思いました。以前あった症状が全部消えていたからです。再検査のあと、カウンセラーがもう一度検査しなおしたいと言ってきました。そこでもう一度検査してもらうと、ＨＩＶ陰性と言われたのです。これは医学的に不可能なことです。**彼女にはＨＩＶの抗体がなく、ＨＩＶ陰性でした。**彼女は自分がこれまでにしてきたことの結果、奇跡が起こったのだとわかりました。

　死を目前にしたナドが病院から連絡してきました。彼が死ぬまでの期間、彼女は彼に話しかけ、マッサージをし、彼を愛しました。最後にはふたりとも癒されたのですが、ふたりはまったく違う道を選びました。彼女は生きることを選び、彼は死ぬことを選んだのです」

　ジャスティンが話し終わると、みんな黙って、癒しについてそれぞれの思いに浸っていた。

　バーソロミューはわたしたちを見て、やさしい声で言った。

「この話を通してみなさんに気づいてほしいのは、常識では考えられないような不思議なことが実際に**起こり得るし、起こるのだ**、ということです。あらゆる瞬間に、あなた方の限られた思考能力ではとても理解できないような神秘や不思議が充満していることを知っておいてください」

　彼は身を乗り出すと、いくらか興奮した声で言った。

「普通の意味での癒しだけでなく、この女性の体の細胞を**根底から変容させたもの**がありますね。

これを可能にしたのはどんな方法でしたか。

まず最初に、彼女は強烈なイメージ療法をたゆまず実行して、ナイアガラの滝と自分で名付けた、洪水のような洗浄の意識を流しつづけました。いいですか、あなた方の体には少なくとも三兆個の細胞があって、これらの細胞はあなたが考えたり感じたりしていることに常に耳を傾け、その指示に従っています。細胞は受け身で、精神《マインド》と心《ハート》の指示を待っています。**あなたが命令することに細胞は意識を向けるのです**」とバーソロミューは最後の言葉を一語ずつ強調しながら言った。

体は最良の友

「昨日、体の細胞に自分がどんなひどい言葉を浴びせているか、注意深く観察してください、と言いましたね。こうした言葉の虐待を何年も何十年も受けつづけてきたのに、あなたの体はそれでも死なずに機能しています。体は**あなたを**見捨ててはいません。まだ諦めてはいません。こうした虐待はやめようと思えばやめられます。細胞を感謝と愛と賞賛で満たすチャンスはあらゆる瞬間にあります。たとえ完璧とは言えない体の状態であっても、です。体の細胞のみが健康や病気をもたらすわけではありません。それは多くの要因が複雑に絡まった結果であり、人間の思考の限界を超えたものです。

西洋社会では、ほとんどの人が、精神《マインド》はここにあると教えられてきました」とバーソロミューは頭を指さした。「そして体はここにあると思っています」と今度はメアリーマーガレットの胸と脚をポンとたたいた。

「この図式によると、思考する頭はそれ以外の体の部分と隔てられています。こうした分離の結果、人は心《マインド》と体は無関係だと思ってしまいます。さらに悪いことに、病気にまでこの分離の図式が適用され、体と心《マインド》と病気とはそれぞれ別個のものだと考えられています。

このように三者をバラバラにとらえる考え方のもとでは、分離されたものを敵とみなす可能性が出てきます。何であれ、境界線を引くと、そこに戦争の可能性が生まれます。ですから病気は自分とは分離された別の物、敵だとみなされ、体の外部にあるものを使って病気を治したり殺したりする必要にせまられます。ここで一番大切なことは真理に目覚めることです。心《マインド》と体と病気は別々のものではなく、心《マインド》を使って体を癒すことができるのだと気づくことです。これを実践するのに、病気になるまで待つ必要はありません。

今日の話の中の女性は病気を治そうと努力したのではありませんでした。この点がふつうの癒しの物語と違っている点で、興味深いと思います。彼女は現時点では治らない病気にかかってしまいました。彼女は自分が治る可能性を信じていなかったので、自分が治るところをイメージできませんでした。エイズは治らないと信じていたからです。それでも彼女は自分で治しました。

どうやって治ったのでしょうか。聞いたことがある人もいるかもしれませんが、ここでひとつ話をしましょう。中国の山間の村でひどい干ばつが起こり、大勢の死者が出ました。作物は枯れ、家畜も人間も死にかけていたので、村人は助けを求めて祈りました。ある日、お坊さんが村にやってきて、村はずれの小屋に住みつき、瞑想の日々を送りはじめました。理由はよくわからないのですが、村人にはこのお坊さんが現れたことは大きな意味があるとわかります。二、三日すると雨が降り出したので、村人は大喜びでお坊さんのところに行き、『ありがとうございます。ところで、どうやって雨を降らせたんですか』と尋ねました。お坊さんは『何のことじゃ』と問い返し、村人は『お坊さまが雨を降らせたにちがいない。どうやったんですか。祈ったんですか』と訊きます。お坊さんは、『いや、雨乞いの祈りはせんじゃった。干ばつと調和しただけじゃ』と答えたということです」

バーソロミューはそこで一息ついた。

「繰り返しますよ。**『雨乞いの祈りはせんじゃった。干ばつと調和しただけじゃ』**。この違いがわかりますか。調和するというのは、目の前にあるものをすべてありのままに受け入れることです。お坊さんにとって、それは干ばつだったのです。ものごとをありのままに受け入れると、それが変化する可能性が生まれます。『抵抗すればするほど、それはなくならない』という言葉がありますね。それを忘れないでください。

病気に関していうと、病気と闘わなければよくなれないと信じている人がたくさんいます。これは抵抗です。病気と闘うイメージを使うと負けます。戦争と同じで、敵と戦えば、どちらかが勝ってどちらかが負けます。こうしたイメージは強い恐怖を呼び起こします。そして恐怖が前面に出れば、調和ははるか後ろに引き下がります。ですから考え方を変える必要があります。病気とは、体の細胞の中にひっかかって出られなくなったエネルギーだということをまず思い出してください。この出られなくなったエネルギーは、過去の感情や考えや体験の集合体ですので、それを出してやるには別の種類のエネルギーが必要です。一番いいのは、愛と感謝と光、それに清らかなパワーのイメージで細胞を満たしてやることです。この方法だと、病気を作ったエネルギーに抵抗する代わりに、むしろその存在を認めて、それに関心を払ってやることになります。別のエネルギーが入ってきてそれが体内を流れている様子に意識を向けるだけでいいのです。〈悪い〉奴をこらしめて〈良い〉奴を誉める、ということではありません。今あるエネルギーを快く受け入れ、それが別の種類のエネルギーに変わるようにそっと導いてあげるわけです。

喜びに満ちた慈愛と感謝と賞賛のエネルギーをたえず注ぎ込んでいると、細胞は緊張を解きます。細胞がリラックスするとどうなるか、みなさんにはわかりますね。リラックスした細胞は開いて拡張します。今日の話の中で、ニロは拡張と収縮のふたつを経験しましたが、はじめニロは、拡張するのはよいが収縮するのは嫌だと思いました。最後に彼女が学んだのは、生命にはその両方が含まれて躍動するリズムを形成しているという事実でした。みなさんの呼吸も吸うだけで吐かないと、どうなりますか。

吸う息と吐く息のリズムがあり、拡張と収縮のリズムがあり、ひとつのエネルギーが別のエネルギーと交替し、この世のすべてに両極を揺れ動くリズムが存在します。それは生命のダンスです。何物もいっさい無視することなく、あらゆるものに意識を向けるとき、喜びが生まれます。このようなやり方でリラックスできるようになると、奇跡が可能になるだけでなく、奇跡は日常茶飯事になります」

自分に愛の栄養をあたえる

バーソロミューはそこでいったん話を区切り、ちょっと何かを考えるようにしてから、また話しはじめた。

「この中には、精神的にも肉体的にも自分を豊かにしてくれる恋愛関係を求めているのに、そうした相手が見つからないと悩んでいる人が何人かいますね」

彼は身を乗り出して、わたしたちをじっと見つめた。

「ここでみなさんにやってほしいことがあります。そうした恋愛を待っているあいだに、愛の栄養に満ちたエネルギーをあふれるほど体に流し込み、細胞のすみずみまで満たしてください。自分への贈り物です。これを実行すると、奥深い細胞レベルに信じられないような愛の波動があることに気づきます。これこそがあなたが待ち望んでいる体験です。しかもほかの人からの贈り物ではないので、相手の望むことをしないからといって取り上げられる心配もありません。**自分で自分に**あたえる贈り物なので、あなたは他人に依存しない自力の人間になります。つまり自分の

〝深奥の自己〟に依存する人です。自力の人間というのは都会を自力で動き回れる人間のことではありません。自力の人とは、みずからの欲求を満たし、自分の人生を充足させ、自分の体に栄養をあたえられる人のことです」

バーソロミューが「都会を自力で動き回れる人間」と言ったので、みんな笑った。まさにわたしたちが苦労していることだったからだ。バーソロミューはにこにこしながら、ユーコのほうを見て、「ちょうどいい機会なので、わたしたちみんなからお礼を言わせてください」と軽くお辞儀をした。

「あなたに助けてもらわなかったら、電車や町の中や随所で迷子になって、この旅行を滅茶苦茶にしてしまうところでした。ありがとう」

そう言うと、わたしたちのほうに振り返ってまた話をつづけた。

「〝深奥の自己〟に依存して生きることがどれほどの豊かさをもたらし、かつ簡単なことか理解できると、自分の人生にどんな人が現れるか、または現れないか、そういうことは問題ではなくなってきます。けれども細胞がこうした磁場で活性化されると、その波動を好む人があなたに引き寄せられてきます。そうなってから、恋人や友人がたくさんできたと驚かないでください。自分の電磁場の波動を愛のパワーの波動に合わせてごらんなさい。するとあなた自身が愛そのものになっていきます。愛があなたの中でうなりを上げ、まわりの人はその温かさを感じて引き寄せられます。あなたの中やあなたのまわりにすばらしい愛のエネルギーが脈打っているのを感じて、人はあなたの近くにいたがります。そしてこのすばらしい躍動の中心は細胞なのです。

もっとも、この愛のエネルギーはいわゆる〈恋愛〉とは違いますので、勘違いしないでください。愛とセックスと肉体に関して、あなた方は非常に矛盾した考えを抱いています。セックスは天にも昇るすばらしいものだと言う一方で、セックスは人を地獄に落とすとも信じています。この両極端のあいだにそのほか多くの考えが位置しています――してはいけないけれどもしたい、やってみたいけどどうやっていいかわからない、など。セックスほど人間の心の中で矛盾した分野はないでしょう。けれども結局は、とても簡単なことで、体の細胞はそれを知っています。セックスでオーガズムを感じるのは頭ではありませんね。体です。細胞は堰《せき》を切ったようにあらゆる緊張を解き放って拡大し、あなたはそれをオーガズムとして感じます」と言ってバーソロミューは微笑んだ。

「それとは別に、あなたの乾ききった灰色の細胞に必要な栄養をあたえてやると、スピリチュアルなオーガズムを体験できます。無意識のうちに自然に起こる覚醒は、肉体を通してだけでなく精神《マインド》を通しても可能です。精神《マインド》が文字通り開いて、頭の混乱が消え去る覚醒を体験できます。精神《マインド》が澄みわたり、新しいものが古いものに取って代わります。今日あなたが考えることの九十五パーセントは明日も考えるという事実を思い出してください。考えただけでもぞっとしませんか。毎日同じ風呂の湯に入るようなものです。新しい湯をほんのちょっと加えればきれいになると信じるようなものです。それできれいになりますか。気をつけて観察してみると、自分の思考がいかに繰り返しの多い退屈でつまらないものかわかります。常にだらだらと思考を繰り返すのをやめて、必要なときにだけ考えるようにすると、精神《マインド》が自然に覚醒します」

バーソロミューはメアリーマーガレットの膝に手を置いて、「これについて何か質問がありますか」と訊いた。

ダーシーの手が挙がった。

「わたしはこの人生で覚醒が可能だと感じますし、それがどんなものかも大体わかります。同時に、怖れに固まった考えもまだあって、自分を抑える面もあります。けれどもよくわからないのは、永遠の悟りを得たあとどうなるか、という点です。わたしの人生はどう変わりますか」。彼女は真剣な表情で訊いた。

バーソロミューはしばらく黙って、わたしたちには見えないものを見つめていた。

「あなた方の多くは今現在、覚醒に達し、日々それを深める可能性をもっていますが、そのためには強固な幻想を打ち破って自分の本質を心から自覚しなければなりません。それが覚醒です。覚醒意識があれば、精神《マインド》は光で満ち、心《ハート》は愛で満たされます。あなたは優雅さとユーモアにあふれ、自然で筋の通った生き方をし、自分を充分生かすことができます。怖れを知らない生き方をします。あらゆることがまわりで起きていく中で、あなたはどれにも心を騒がせず、平和な心でいられます。まわりの人間が何をしようとも、まわりで何が起きようとも、人間関係がつづこうが壊れようが、そうしたことに関係なく、あなたは安心の境地にいます。そうしながら、自分のまわりの人間を心から愛し、それ以外の人間も心から愛します」

彼はわたしたちを見回した。

「わたしが何を言おうとしているか、わかりますね。あなたは以前と同じように薪を割り、水をくみます。毎日の生活は変わりません。ただ以前と変わるのは、あなたは今や内面の膨大な空間からすべての行動を起こすので、外界のあらゆるものがその空間に入ってしまうことです。何かを取り除いたり誰かを見つけたりする必要がなくなります。人生のあらゆるものに心を揺り動かされ、すべてがすばらしいと感じます」

しんと静まったわたしたちに向かって彼は微笑んだ。

「ぜひおすすめします。これが一番簡単な説明です。自分でやってみることをおすすめします」

リーが軽く咳払いをしてから、質問した。

「精神《マインド》に関してなんですけど、雑念がなくなって空白の時間が生まれることがいったいあるのでしょうか」

バーソロミューは身を乗り出して、「とてもいい質問ですね」と言った。

「雑念から抜けられないのは、幸福や安心は頭で考えることによって手に入れるものだと思いこんでいるからです。頭できちんと考えていないと、とんでもないことをしでかしたり、ぼーっとなったり、人生が滅茶苦茶になってしまうと怖れているので、たえず何かごちゃごちゃ考えているのです。けれども実際は、思考をやめても大丈夫なのです。繰り返し何度も思考を離れられます。それでも人生が滅茶苦茶になったり精神がおかしくなったりはしません。自分のまわりにある空間に意識を移してごらんなさい。思考をやめて、ただ聞くことや見ることに専念してごらんなさい。習慣となった思考パターンを捨てて、ただここにいてごらんなさい。精神《マインド》を**失う**のではなく、精神《マインド》の**外に**出るのです。

あなた方の脳は休みなく使われているので、過熱しています。車を走らせつづけるとエンジンが過熱するのと同じです。けれどもできるだけ長く思考を止める練習を繰り返していると、過熱がおさまり、執着が少なくなり、車のエンジンと同じく、効率がよくなります。集中した意識はレーザー光線のように強力で、非常に静かなので、思考のない瞬間が長くつづきます。思考を完全にやめてしまう人はいません。偉大な覚者も思考をしつづけますが、思考と思考のあいだに、わたしが〈神秘〉と呼ぶ思考のない瞬間がほかの人より長くあります。思考が必要になれば思考が生まれ、必要でなければ生まれません。まわりに向かって意識が大きく開いており、思考がふさわしいとなれば、そのとき想念が生まれます」

バーソロミューはリーのほうにまた目を向けた。

「思考する精神《マインド》と開かれた空間の意識とのふたつの立場が入れ替わるときがいつかあなたにも来

るでしょう。そうなると、空間の意識が主な波動となり、有形の物は二次的な存在になります。現在はその反対で、あなたはまわりの形あるものに意識を向けており、空間は二次的になっています。空間が自分の意識に向かって開くようにしてください。練習すればできるようになります。そうなるとあなたは広大無辺の空間の存在に気づき、形あるものはその**空間の中で**動き回っているのだとわかります。これは今までとは非常に違う物の見方で、その結果、一瞬一瞬をありのままに受け入れ楽しめるようになります」

バーソロミューはグレタのほうに身を乗り出した。彼女はいつも背をピンと伸ばして静かに座っている。目を閉じていることが多いのだが、今は目を開けてバーソロミューをじっと見つめていた。そんな彼女に対して、「はい、何ですか」と彼は尋ねた。

「以前、〈精神《マインド》の熱〉という言葉を使われましたね。思考をやめるとその熱が別のところ、たとえば腹の部分に移動するというイメージがあるんですが。この精神《マインド》の熱という概念を今の話とどう組み合わせたらいいか、そこのところを伺いたいと思います」と彼女は言った。

「インドの哲学では、クンダリーニが脊柱の基部から頭のてっぺんまで上って、覚醒が得られるといいます。けれどもそれ以外の覚醒法ではクンダリーニはまったく言及されていません。それでも覚醒は達成できます。これはどういうことでしょうか。クンダリーニは有効なイメージであり、大変役に立つのですが、唯一の方法ではありません。クンダリーニを信じない教えの下では、人々はエネルギーが別の方向に動くのを体験します。エネルギーが頭のてっぺんから入ってきて、噴水のように体中をおおうこともあれば、ハートが開いて真っ赤な炎となって輝くのを体験する人もいます。〈ハラ〉と呼ばれる下腹部で感じる人もいます。エネルギーの動きにはルールがないので、その人が信じる通りにエネルギーは動きます。エネルギーはあなたの考え通りに動きますが、あなたはいつでもその考えを変えることができます」

これを聞いて、グレタは半分あきれ顔で頭を左右に振った。それを見てバーソロミューは微笑んだ。

彼は後ろにもたれて、「今日は昨日と同じエクササイズをしてください」とみんなに言った。

「みなさんにもっとも深い意味ですばらしい〈空間《スペース》の生き物《ビーイング》〉になってほしいと思います。物を見たり聞いたりするときに、自分の欲望や好みや判断を混ぜないで、オープンな気持ちで素直に見聞きしてください。見聞きするものが現れては消えていく不断の変化や、吸う息と吐く息のリズムなどにできるだけ意識を向け、これらすべてが神秘の空間の中で起きていることに気づいてください」

バーソロミューがジャスティンのほうを向いて、「ではこれから短い休憩を取ります。そのあとで、昨日の冒険について話し合いましょう」と言ったので、みなほっとした。

メアリーマーガレットは伸びをしてから、マイクをはずした。参加者は席を立って、トイレに行ったり水を飲みに行ったりした。床に寝そべる人もいれば、ノートに何か書いている人もいる。やがて全員が戻り、また体をぴったりくっつけ合って床に座った。

見解とは物を見る地点にすぎない

「ではみなさん」とバーソロミューが話しはじめた。

「昨日の体験を聞かせてください。特にわたしが聞きたいのは、自分の見解と人の見解の両方を含む大きさまで自分を広げるという宿題についてです。実験してみましたか。結果はどうでしたか」


エミーが手を挙げ、「もちろん心理的にプレッシャーを感じました」とまじめな顔で話しはじめた。

「ほかの人がわたしの言っていることや考えに同意してくれないと、かならずプレッシャーを感じました」と言って、みんなといっしょに笑った。

「観察をつづけていると、〈わたしの考え〉対〈相手の考え〉という対立図式が何回も現れるのがわかってびっくりしました。わたしの考えはわたしの観点にすぎなくて、〈絶対的真理〉ではないのだ、ということを忘れたときには、問題が起きました。この点に気づいただけでも、以前より心の余裕が生まれました」と話し終えた。

バーソロミューはにっこりとうなずいた。

「人は一人ひとり違う観点をもっていて、ほとんどの場合、自分の観点から世の中を見ています。〈観点〉という言葉は、人が世の中を〈観《み》〉る〈点〉という意味です。こういうふうに」と言って、馬の目隠し皮のようにメアリーマーガレットの顔の横に両手を当てた。両手のあいだからみんなをのぞいて、「もちろんほかの人もこうやっているわけです」と言った。

バーソロミューは身を乗り出して、頬がくっつくほどジャスティンに近づくと、「同じ観点をもてるようにほかの人にできるだけ近づこうとするのですが、分離感はけっしてなくなりません。どんなに相手に近づいても、あなたの観点はかならずどこか相手と違います」と言った。

バーソロミューは手を下ろして体をまっすぐにした。

「人は過去の体験や感情を丸ごと抱えてまわりの人や出来事に向かい合います。そして同じように過去をひきずっている相手の人間を攻撃します。自分対相手。自分の過去対相手の過去。どちらが正しいのでしょうか。こうした違いはどうすればなくせるのでしょうか。自分と相手のあいだに横たわる境界線を最終的に消してくれるのはただひとつ、〝愛〟と呼ばれるものです。相手に傷つけられたと感じても、相手が過ちを犯したのだとあなたには思えても、相手の考えが自分のとは違っていても、それでも相手を愛す気がありますか。大きな葛藤があっても、相手に愛そのものを見ようとしますか。

わたしが言っているのは、相手の〈過ち〉を赦すという、優越感をともなった高慢な観点のことではありません。こういう類の赦しは、たいていの場合、自分は信心深くて正しい人間だと思っている人が相手の失敗を見下して、上の立場から相手を赦してやるという態度です。わかりますか。これは恩着せがましい態度であって、愛でも赦しでもありません。もちろん本人にも相手にもそのわざとらしさが感じられます。本物の愛はこういうふうに感じます」と言って、バーソロミューは両腕を胸のところで大きく開いた。

「愛はこう言います。『はい、あなたを愛します。ふたりのあいだに違いがあるのはわかっていますが、それでもあなたを愛します』。愛がどういうものか、どうやって愛すればいいかもわからないまま、とにかく相手を愛そうと決心するとき、葛藤がなくなり、ふたりのあいだに空間が拡がります。その結果、ふたりがいっしょになって〈ひとつ〉の単位としての観点を作り出す可能性が生まれます。ふたりがひとつになった感覚が安心をもたらします。

ところがほとんどの人は、自分の観点が正しいのであって、誤った観点は打ち負かし、抹殺しなければならないと主張します。そこで戦いが起こります。こうした態度は恐怖や絶望を生み出します。どちらかが負けると、勝った観点に対して恨みや抵抗がたくさん残ります。この勝負の結果は調和ではなく、怒りに満ちた服従です。ここで必要なのは、ふたつの意見の領域を近づけて交差させ、真ん中に第三の領域、つまり共通の領域を作り出すことです。これがふたつのどちらでもない三番目の見方、三番目の解決法となり、Aが正しいわけでもBが正しいわけでもない三番目の観点となります。双方がそう望めば、どちらを否定も肯定もしない〈愛ある解決法〉が生まれます。ふたつの立場が融合した、〈わたし〉でも〈あなた〉でもない〈わたしたち〉という立場です。

では具体的にどうすればいいのでしょうか。まず双方とも、**協力しようという強い決意**が必要です。ふたりとも融合へ向けて**努力するという意志**がなくてはなりません。それからまず、ひとりが自分の考えを話します。もうひとりは、相手の話を心の中で批判したりしないで、素直に聞きます。今度は聞き手が自分の考えを述べ、最初の人も相手を心の中で批判したりしないで素直に話を聞きます。それからふたりとも黙って、今聞いた話についてしばらく考えます。その結果、たとえ完璧な解決法にたどり着かなくても、相手がなぜそんな考え方をするのかが理解できるようになります。ふたりのあいだには強い親近感が流れ、腹の底からの考えを聞いてくれた相手に対して感謝の念が湧いてきます。

みなさん、問題の解決というのは、かならずしもふたりが同じ行動に同意することではありません。相手の見解に対する共通の理解が得られれば、問題が深いレベルで解決されたことになります。双方がそれぞれ自分の見解を維持すべきだと感じて、自分なりの行動を取るかもしれませんが、ふたりとも、共通の理解が得られた中間の道から出発して自分の行動へと向かいます。

この穏やかな融合術を実践するようになると、話すときの言葉使いが何よりも大事だと気づきます。頭で考えた言葉ではなく、心で感じた言葉でしゃべってください。相手との融合を求めて、双方がそれぞれ心で感じたことを話すと、こういう具合になります。『見捨てられたような気がしたんだ。誰も僕の話なんて聞いてくれないって』。僕の考えは重要じゃないって言われてるようで、無視された感じがしたんだ』。こうした言葉からわかるのは、一番重要なのは何が起きたかではない、ということです。重要なのは出来事に対するその人の気持ちです。そこで相手は、『君に言わなくちゃいけないことを考えてたら不安になって、つい、ああいうふうに高飛車な感じになってしまったんだ。すごく怖かったんで、早く言ってしまおうとして、ああなったんだよ』と応えます。わかりますか。出来事そのものは問題ではなかったのです。

出来事に対する**自分なりの**解釈やいわゆる〈事実〉だけを述べ、相手も同じように解釈と事実のみを語った場合、そのふたつが融合することはけっしてありません。なぜなら何が起きたかについてふたりの人間が同意することは**あり得ない**からです。同じ出来事を別々の観点から見ているので、ふたりの意見が一致することはありません。ですから出来事だけに目を向けないで、出来事の裏にある感情に耳を傾けてください。そこに痛みが存在します。相手の怖れが理解できると、人は自分にも怖れがあることを知っているので、相手に同情できます。誰かとうまくいっていなかったら、その人とふたりだけで静かに話してごらんなさい。問題となっている出来事の事実関係をほじくり返したりしないで、心の底にある自分の気持ちを伝え、相手の反応を待ってみましょう」

　バーソロミューはわたしたちをじっと見つめた。

「これをやってみる勇気のある人がここにいますか」と彼は静かな声で尋ねた。

「これをするには、自分が正しい、という分離意識を捨てなくてはなりません。エゴにとってそれは非常にむずかしいことです。エゴが分離意識を捨てることはけっしてないので、あなたがそうする決心をしなくてはなりません。

　それでは」と彼は水を一口飲んでつづけた。

「昨日のことで何かほかにありませんか。ほかの人はどんな体験をしましたか」


　ダーシーが手を挙げた。

「わたしの体験は、あなたがよく話してくれる賢者と猿の話に似ていました。賢者が妙薬を出して、これを飲めば悟りが開けるが、飲むときに猿のことを考えてはいけないと言ったというあの話です。あなたが葛藤という言葉を使ったので、それ以後一日中、わたしは葛藤だらけでした」

　みんなが笑い、バーソロミューは次のように答えた。

「では今日は愛について話しましたので、愛、愛、愛ですね。昨日、賢者と猿の話の例にならったのなら、今日もそうしてくださいよ。では今日はあなたの目には愛しか見えませんね」

　ダーシーはにやっと笑って発言をつづけた。

「相手を深く理解するという心境にはとても近づけませんでしたので、葛藤を感じたときには、それ以上悪くならないようにと努力しました。一応それはうまくいきました。できるだけのことはしました。広大な見地からの解決とはいえませんが、問題はそれ以上悪くなりませんでした」

バーソロミューは手をたたいた。

「上出来です。みなさんにおぼえていてほしいのですが、あなた方が絶対的な解決法を発見することはないでしょう。わたしが以前言ったことを思い出してください。人生は問題を解決するためにあるのではなく、神秘を体験するためにあるのです」

彼は立ち上がって、あたりを見回した。

「仏教の基本的な考えのひとつについて話したいと思います。この先何日かのあいだ、この概念が繰り返しみなさんの前に登場するでしょう。この考えに抵抗を感じる人もいるかもしれませんが、どうか心を開いて聞いてください」

誰がいるのかと訊くとき、そこにいるのは誰か

「禅によれば、人が自分だと思っている連続的な人間を詳しく観察しつづけると、連続的に同一の人間は存在しないということがやがてわかります。切れ目なく連続している一人の人間が連続的な体験をしているように見えても、詳しく観察してみると、何のつながりもないイメージや感

情や考えが現在の瞬間に生まれては消える、そうしたものの集まりにすぎないことがわかります。魚はこれらのイメージや感情や考えは、だだっ広い湖の中で跳ねる銀色の魚のようなものです。魚は水の中から跳ねて、太陽にきらっと輝き、また湖に戻ります。魚たちはおたがいにつながってはいませんし、それぞれの魚の異なる動きに一貫した意味があるわけでもありません。魚たちはただ飛び跳ねて、太陽に輝き、湖面に落ちるだけです。これと同じことが、連続的につながっているように見える〈自分〉に対しても言えます。自分は連続した一個の人間だと思うのは、**記憶のせい**にすぎません」

彼はそこで息をつくと、二、三歩歩いた。

「ここで記憶について話したいと思います。記憶は興味深い話題であり、非常に誤解されていることだからです。話がむずかしくなりますが、大切なことなので理解してほしいと思います。あなた方は、過去は存在する、自分には過去があると確信をもって言います。どうしてそれがわかるのかと質問されると、過去をおぼえているし、過去の記憶があるからだと返事をするでしょう。さらに詳しい説明を求められたら、たとえば、昨日訪れた寺院の描写をして、同じ体験をしたほかの人の証言を求めるかもしれません。こうしていろいろな証拠を集めて、過去は確かに存在するとあなた方は主張するでしょう。

けれども、ちょっと待ってください。何でもいいですから、昨日の出来事を記憶から引っぱり出してきてください。いいですか、あなたは昨日の出来事をそのまま体験しているのですか。それともあなたがしたのは、この瞬間、今までなかったものを創り直した、と言えませんか」

聴衆はまだ半信半疑だった。

「人は『おぼえている』と言い、それを記憶と呼びます。けれども実際その人がしたのは、今この瞬間、心《マインド》の中でまったく新しい出来事を創ったのであって、それは元の体験をしたときの現実とは多くの点で異なっています。

もし自分の記憶と元の体験とを比較できるとしたら、ふたつが同じではないことがわかるでしょう。記憶は、最初の体験をまったく同じように再現したものではありません。しかも時間がたつにつれて、記憶は不確かになります。ですから二歳のときのことをおぼえているという人がいたら、その人の記憶は二歳以降に起きた出来事すべてによって変えられたと言えるでしょう。過去に本当に起きたことはどこにあるのでしょうか。過去を思い出すたびにその人は二歳児を創り直し、そのたびに今までなかった新しい二歳児が創造されます」

バーソロミューはわたしたちが混乱しているのを見て、話を一時中断した。

「わかりにくいですが、我慢して聞いてください。よく考えてほしいのです」

グレタが発言した。

「昨日のことを訊かれたとき、わたしは自分の感情を探しにいって、現在に持ってきました」

「はい。ありがとう」

シャロンが首をかしげて、バーソロミューを見上げた。

「今の話を聞いていると、わたしたちはなぜ過去をおぼえている必要があるのかと思ってしまいますね」

「必要があるなんて言いませんでしたよ」とバーソロミューはにっこりして答えた。

シャロンは一言一言考えるようにして質問をつづけた。

「現在の瞬間にいつもいるとしたら、過去をおぼえている必要なんてないかもしれませんね。過去に何が起こったかという記憶があって、それをわたしたちは創造しているが、体験していないとしたら、そしたらもう……」。彼女は両肩をすかした。

「わたしの言いたいのは、今の瞬間にだけいて、これまでにしてきたことなんか考えなくてもいいんじゃないかって」

「まさにその通り！」とバーソロミューは叫んで、腰をおろした。

「過去を思い出すとき、人は勝手な空想や夢にひたっているのです。おまけにカルマの思想を持ち出す人は、この問題をさらに複雑にしています。この人たちは現世の過去を持ち出すだけでなく、いわゆる過去世のおぼろげな記憶の片鱗や空想の世界に入ります。こうした過去世の〈記憶〉というのは、説明できないことを説明するためにその場ででっち上げられたものが多いのです。『母とうまくいかないのは、過去世で母から虐待されたからなのよ』などという説明を聞かされたことがありませんか。母親は虐待したかもしれないし、しなかったかもしれません。でもそう言うことで問題が解決するでしょうか。それともその人が安心できる〈答え〉をあたえているだけでしょうか。あなたは今現在起きていることに、この瞬間あるがままに関わっていますか。それともいわゆる〈勝手な説明〉を作り上げていますか。カルマを使った説明はおもしろいですが、あまり役に立ちません。こうしたおぼろげな過去の映像にこだわるのは、映画を観《み》るのと同じです。映画の人物や出来事が本物だと信じることもできれば、豊かな想像力の産物だとみなすこともできます。

　では、あなたが〈わたし〉と呼ぶ部分、つまりあなたが連続していると信じている部分にこの概念を当てはめてみましょう。あなたは普段意識をとぎすましていないので、ひとつの〈わたし〉と次の〈わたし〉とのあいだにある空間を見過ごしています。連続した個としてのアイデンティティが存在しない、大きく拡がる無の空間である隙間の瞬間に気がつきません。ということは、あなたは〈過去〉の瞬間に創造されたもののイメージの片鱗を現在の瞬間に持ち込んでいるということになりませんか。

　過去は罪悪感を含み、未来は不安を呼び、あなたはその両極にはさまれて動けないでいるということを忘れないでください。そこから抜け出す方法は、過去か未来のどちらかに移動することでもなければ、思考が過去か未来のどちらかに習慣的に流れるのに対して抵抗することでもありません。解決法は、手短に言うと、やはり現在の瞬間に意識を置くことです。そうすると、今この瞬間に**実際に**起きていることが姿を現します。その方法を学ぶ必要はありません。**意志さえあ**

れば充分です。具体的に言うと、呼吸や聞くことや見ることに意識を向けるのです。それから、いつも何かを考えている必要はないのだとわかってください。ごく短い瞬間でいいですから、思考がまったく存在しない境地、豊かで平和で生き生きした境地を味わってみてください。

そうすると、過去でも未来でもない、今この瞬間にあるもの、小我ではないもの、形のないもの、今ここにあるすばらしく豊潤なものが姿を現し、あなたのものとなります。どこかに行く必要もなければ、何かを**する**必要もありません。ただ、今この瞬間起きていることの中で目覚めていればいいのです。

過去や未来を現在の瞬間に引きずり込んで、偽の自己を悲劇や喜劇の主人公に仕立てようとしている自分に気づいても、あせらず気を楽にしてください。この過去や未来のドラマの主人公はわがままで、常に自分が正しいと思いたがり、権力を欲します。それに抵抗しないで、リラックスして、今の瞬間に意識を向けましょう。大きく呼吸しましょう。浮かんでは消える想念を眺め、生まれては消える音を聞き、たえず変化する目前の景色を眺めましょう。意識を完全にこの瞬間に向けます。そうすると、一瞬ののちに次の一瞬が来て、それを繰り返しているだけだと気づきます。生きる目的は、いのちが躍動するすばらしいこの純粋な瞬間を一瞬一瞬楽しむことだとわかります。キリスト教ではこれを、子どものようになりなさい、と教えます。なぜでしょうか」

「子どもは現在の瞬間に生きているからです」と部屋の後ろから答えが来た。

「まったくその通り。子どもを現在から引き離そうとすると、しばらくは大人のためにそうしてくれますが、チャンスがあればすぐに現在に戻ります。小さい子どもにとって、自分が今見たり匂いを嗅いだり触ったり味わったり聞いたりしているもの以外はこの世に存在しません。まわりのものについて**考えたりはしません**。まわりのものは自分がすみずみまで**体験する**ためにあるのです。これは平和に満ちたすばらしい境地です。子どもと同じ境地を味わうには、子どもがするように、この瞬間、目の前にあるものが何であれ、それと関わろうとする意志をもてばいいのです。

あなた方のうちの何人が、物の匂いを本当に知っていますか。物が快適か不快かを判断するのに忙しくて、気がついたときには匂いなんか消えてしまっているのではないですか。この中の何人が、食べ物を噛んだり味わったりするのがどんな感覚か、本当に知っていますか。やってみてください。シンプルでいてください。オレンジを食べるのだったら、その匂いや色、手触り、味、果汁などのすべてに気づきましょう。暑いと感じたら、その暑さを感じましょう。好きじゃないものにも好きなものと同じくらい関心を払ってごらんなさい。その結果にびっくりしますよ。好きなものも嫌いなものも、あなたの気を散らすものも、あらゆるものの中にあって、すべてを体験する意志を持ちつづけてください。意識の扉を閉ざさないでください。自分が今ある状態を常に意識し、それを完璧に体験する喜びを味わってください」

壁に寄りかかっていたローレルが発言した。

「過去を完全に再現することはできないというのはわかります。でも頭で再現できなくても、体や細胞は記憶しているのではないですか」

バーソロミューはしばらく黙っていたが、「体と精神《マインド》の共働作業はあっという間になされ、そのスピードはコンピューターも顔負けです」と話しはじめた。

「精神《マインド》が一瞬のうちに全体像をつかんで、『何かやってくるぞ』と体に情報を送り、それに体が反応します。体を作動するのは精神《マインド》ですが、あっという間に起こるので、体が最初に反応するように感じられます。

カメラは谷間の全景やそこにある町、遠くの山々まで映し出すことができます。あなたの広大なる部分である意識も、カメラと同じように、自分では気づいていない面までも把握しています。だからこそ、自分の背後で起こっていることを感じ取ることができるのです。意識が今起こっていることを感じ取り、精神《マインド》がそれをメッセージに翻訳して体に伝えます。人はこうした体のメッセージをたえず受け取っているのですが、多くの場合、無視して回路を短絡させています。人は頭脳だけに頼って、まわりの出来事や自分の感情や人間関係を理解しようとします。思考を止めて過熱した頭脳を休める練習をすると、直感や虫の知らせやインスピレーションが受け取れるようになります。もっと生き生きとなり、はるかに広大で目覚めた意識をもって充実した毎日が送れるようになります。

ここで話はまた、ニロ・アシスタントが細胞を変容した方法に戻ります。おぼえていますね。

彼女は細胞を完全に変えてしまい、ＨＩＶのウィルスは見つかりませんでした。潜伏しているのではなく、消滅したのです。**医学的に不可能なことです、消滅というのは。**何が起こったのか、みなさんにはわかっていると思いますが、ここでもう一度説明しましょう。

過去は人を支配し未来は人に不安をもたらし、過去も未来も怖れでしかないとニロが気づいたとき、唯一安心できる場所は現在の瞬間だとわかりました。そこで今の瞬間に意識を置くように全力をあげて努力しました。具体的に言うと、歩くときには歩くことだけを考え、マフィンを作るときには材料を混ぜることだけを考えました。そのために、意識を集中させる必要がありましたか。もちろんです。完全に意識をとぎすました状態が数カ月つづきました。今この瞬間にだけ心の平安が得られるとわかって、彼女はそこに何度も繰り返し行きました。修行としてそうしたのではなく、避難所としてそこへ向かったのです。

あなた方の問題は、率直に言って、それほど悩み苦しんでいないということです。だからといって、覚醒するために、人生が惨めになるのをじっと待つ必要はありません。前にも言いましたが、愛や喜びを通して覚醒することも可能です。病気や喪失、死別や恨み、自己憐憫などの悩みや苦しみを味わった末に、やっとの思いで覚醒にたどり着く必要はありません（あなた方はこうした苦しみを創り出すのが上手ですね）。喜びを通して目覚めるほうがずっと楽しいので、おすすめします。何か宇宙の遠大な目的のために覚醒するのではなく、すばらしい気分を味わうために覚醒してください。神と自分とのつながりに気づくことは至福であり、**それはかならずいつか起きま**

す。あなた方の宿命なのです。すばらしいじゃありませんか。

人は誰でも惨めなのに、それを認めようとしません。それで、その事実から目をそらせてくれるものを常に探しています。人間が感じる一番の不幸は、神から分離されているという感覚です。この事実から目をそらすことができなくなったとき、偉大なる目覚めが起きます。病院で死の床にあって、自分が何のためにこの世に生まれてきたのかわからないと感じる人がいたら、それこそ不幸です。釈迦の言葉をおぼえていますか。(直接の引用ではありませんが) 釈迦は、『いいかな、覚醒は、七回生まれ変わったあとでも七年目でも七カ月目でも七日後でも七時間後でも七分後でもよい。それとも今でもよいぞ』と言いました。常にあなたの選択です。今するか、あとでするか、どちらにしてもあなたは**覚醒する**のです。

実際、釈迦がよい例です。彼は樹の下で文字通り瞬間に意識を置いて座り、動きませんでした。意識のプレッシャーを感じて樹の下に座り、覚醒が起こるのを待ちました。意識のプレッシャーが人をそうした絶対的な状況に追い込みます。そうしたプレッシャーを感じたら、心を静めて、なるにまかせてください。

覚者の肉体を解剖しても、覚者になるための特別のスイッチなどは発見できません。覚醒と書かれた押しボタンなど、体のどこを探してもありません。覚者の肉体は普通の人の体と同じです。どこも変わったところはありません。ですから彼らの境地に達するには、彼らと同じことをすればいいのです。今この瞬間に意識を向けて、物事を批判せずに聞き、選り好みや解釈なしに見て、ただ呼吸そのものを呼吸する。そしてこれを一瞬一瞬しつづけます。完全な覚醒に達するまでの生き方として、これは最高の生き方です。現在の瞬間にとどまっていると、やがて、今の瞬間に生きるエクスタシーを感じてきます。人生の一瞬一瞬を澄んだ意識で直接感じ取り、その一瞬に含まれるすべてを体験していると、**何がまわりで起きようと**至福の境地を味わいます。この至福をもたらすのは、その瞬間の体験であって、中身ではありません。

科学者によれば、極度の痛みをもつ人を特定のやり方でその痛みへ誘導していくと、痛みがあるにもかかわらず、すばらしい至福と恍惚をその瞬間感じることができるそうです。痛みは確かにあるのですが、目覚めた意識があると、その人の体験はすっかり変わってしまいます。これまで医学界は肉体の痛みを抑制しようとしてきましたが、本当に痛みを和らげるには、痛みに意識を注げばいいのです。体の痛みや、罪悪感や悲嘆などの心のうずきに意識を注いでごらんなさい。痛み以外のものがそこにあるのに気づくでしょう。

これは矛盾しているように聞こえるかもしれません。痛みと至福は正反対に思えますね。でもそうでしょうか。あなた方の思考体系では、痛みと快楽は正反対です。至福は痛みや快楽の**外にあって**、肉体や感情体や精神体とはまったく無関係です。**至福とは自分の本質を体験することです。**それは愛であり、自分がすべてとひとつだと知ることであり、痛みや快楽など正反対のものを融合して統合するものです。

真摯な求道者の方にお願いします。ここで話した〈瞬間に生きる方法〉を一年間実践してみて、至福はどこにあるのか、至福とは何か、自分で答えを見つけてください。至福とは、今あるがまま、今あるものすべてです。それは常に存在するもので、勝ち取ることはできません。それに気づくことができるだけです。あなた方は水を探して海を泳ぐ魚のようです。空気を探して空を飛ぶ鳥のようです。それを知って、自由になってください」

そう言って、バーソロミューは楽な姿勢になった。

「そうすると、副産物として肉体的および心理的なトラウマが治るかもしれません。あくまで副産物ですよ。けれども第一の目的は、あなたのいのちと精神《マインド》と心《ハート》を目覚めさせることです。

では、エイズを通して自分を根本的に変えたニロの話に戻りましょう。この話の中で精神的指導者は誰でしたか。エイズでした。救世主は誰でしたか。エイズでした。自分の人生を左右するものを敵とみなすこともできれば友人とみなすこともできます。あなたが決めることです。それから逃げることはできませんが、自分の反応を選ぶことはできます。あなたは自分に覚醒をもたらすような人生をこれまで築いてきました。ですから自分が創造したものすべてを喜んで受け入れ、感謝しましょう。自分で創った人生だという事実を忘れてしまったとしても、です」

彼はそこで一息ついて、後ろに寄りかかった。

「何か質問がありますか」

豆のビンと感謝の心

「体を感謝の念で満たすのは、病気を取り除くためですか」とジョージが質問すると、バーソロミューはこう答えた。

「病気はかならずしも取り除くべきものではありません」

「体を感謝の念でいっぱいにするとき、病気の部分を除外して感謝を捧げているわけではありません。むしろその反対に、自分のあらゆる部分に感謝の念をそそぐと、自分が一番感謝しているのは実は病気だと気づきます。あなたに気づきをもたらすのは病気です。わたしが最初から言ってきたことですが、あなたが悟りを開いたときに一番感謝するのは、自分の最悪の苦痛であり自分を一番苦しめた人たちです。もちろん自分を愛してくれた人やすばらしい出来事にも感謝しますが、心の底から感謝するのは自分をさんざんな目に遭わせた人たちです。『苦労なくして成果なし』という格言がありますね。覚醒と悟りの歴史はそうした例に満ち溢れています。

ここでもう一度みなさんに言っておきたいのですが、かならずしもそうである必要はありません。その例外の話をしたいと思います。釈迦の話に戻りましょう。釈迦が誕生したとき、両親は、この子は偉大な国王か偉大な宗教的指導者になると告げられました。両親はインドの小国の領主だったので、息子に王家を継いでほしいと望みました。そのために、両親は王子のまわりから醜いものや汚いものをいっさい取り除きました。王子は死や老いや病気をけっして目にすることなく、美しい女性たちに囲まれて生活していました。王子は望むものは何でも手に入り、限りない快楽を味わっていました。彼の人生にはまったく苦労がなく、快楽に満ちていました（限界つきの快楽ですが）。

ところがある日、彼が両親に無断で城を出てみると、城の外は苦しみや病気、死や悲しみにあふれていました。彼はたちまち、自分の生活がいかに現実とかけ離れたものであったかと悟り、真理を求めはじめます。このように、釈迦は反対の立場から来ました。彼の道は快楽から出発して、苦痛を通り、やがてすべてを受け入れる境地に達したのです。

あなた方が自分の肉体に感謝の念をいだく日がいつか訪れることを願います。快感だけでなく苦痛も含めてこれまでの人生で体がしてくれたことすべてと、〈良い〉ことも〈悪い〉ことも含めたあらゆる自分の行為に、いつの日か感謝してほしいと思います。体の病気の部分や人生の病んだ部分を邪魔者扱いする人は、人生に無意味なものはなく、人生はすべてをひっくるめて意味があるのだということがまったく理解できていないし、体の細胞にバランスをもたらすために必要な唯一のものを奪っています。細胞がストレスを感じているのは、無限の意識と感謝の心という栄養をあたえられなかったからです。

体に痛みを感じたら、その部分に意識を集中してください。それが体の求めていることです。あなたの関心という栄養を求めているのです。これは医学の考え方とは反対です。医者は痛む部分から患者の気持ちをそらそうとします。医者は患者がなるべく痛みを感じないようにし、さらに病気自体も忘れてしまうようにします。ときには患者に病気を知らせないで、患者と病気を切り離そうとさえします。けれども病気がもっとも必要とするのは、その人との親密な関係です。

ですから自分の状態をできるだけ詳しく知ることをおすすめします。そして今とは違う状態を生み出したいのなら、意識が内に秘めている強力なパワーを利用しましょう。目覚めた意識なしには何ごとも知ることはできないということをわかってください。自分がなぜこうした状態をもたらしたのかを知ることはできません。あなたは自分のことを悟りにはほど遠い愚かで無気力な人間で、過去の罪に対して神の罰を受けているロボットのような存在だと感じているかもしれません。けれどもダイナミックで生き生きとした創造力をもつ目覚めた意識存在だと自分をみなすこともできます。後者の自己像が真実だとすれば、あなたは神と共同ですばらしいものを創造しているのであり、そのことを〝神なる自己〟は充分知りつくしています。どちらの自己像でも好きなほうを選べます。どんな病気があるにしろ、その病気は何らかの理由があってこの瞬間自分の中に存在するのだと認めて、体の細胞がもっとも望んでいる、意識の光をあててやることもできます。

何年か前に、ビスタ・グランデ校（注9）の生徒たちが豆を三つのビンの中で発芽させる実験をしましたが、体の細胞もこのときの豆に似ています。同じ大きさのビンを三つ用意し、中に緑豆を入れました。それぞれのビンには同じ量の日照時間と水があたえられました。けれども大きな違いが一つだけありました。子どもたちは一番目のビンに向かって、『愛してるよ。どんどん大きくなってね』と話しかけるように指示されました。二番目のビンは水と光をやる以外は無視し、何も話しかけないように言われました。三番目のビンの豆に向かっては、『お前は醜いやつだ。何の役にも立たないろくでなしだ』と悪口を言ったり叱ったりするように指示されました。当然ながら、一番目のビンの豆が一番よく成長しました。ところがおもしろいことに、光と水だけあたえられて無視された二番目のビンの豆の成長が一番遅く、悪口を言われた豆のほうがはるかによく伸びました。このことはあなたの体の細胞とどんな関係があるのでしょうか。

細胞にも同じ原理が働いています。細胞を無視すれば、細胞はリラックスすることも拡張することもできず、エネルギーで活性化することもありません。無視すれば、小さくひからびてしまうかもしれません。生徒たちが一番目のビンにしたのと同じように体の細胞を扱ってください。あなた方は歩く豆のビンのようなものです。発芽して成長することもできれば、しぼんで枯れることもできます。

健康維持に不可欠だと一般に考えられているものがたとえ欠けていても、愛にあふれた生活をしている人たちはそうでない人たちよりずっと健康だ、ということが発見されたのは知っていますね。なぜでしょうか。それは、愛する人たちに囲まれていると、おたがいに感謝や受け入れの気持ちをあたえ合い、それが細胞レベルにまで達するからです。細胞はこの言葉にならないメッセージを受け取り、栄養をあたえられます。多くの人が次から次へと恋愛に走る理由のひとつは、無意識にこの栄養を求めているからです。恋愛初期の二、三カ月間は、肉体も細胞も精神体も感情体も完全に相手に受け入れられて、拡大した意識を味わい、その結果、体も心も生き生きとなって幸福に感じるということを、恋人たちは意識のどこかで知っています。

恋愛から恋愛へと渡り歩くこともできれば、それと同じ栄養を自分自身にあたえることもできます。ジャスティンの話に出てきたニロは、たえず細胞に関心を払って栄養をあたえ、〝大いなるいのち〟と力を合わせて細胞を完全に変えてしまいました。マイナスの感情が害になるとわかっていたので、彼女はマイナスの感情に満ちた環境を離れて、自分のエネルギーの場を健康にしました。自分のマイナス部分ばかりを表面化させるような伴侶や恋人といっしょに生活していると、〝神意識〟の達成は非常にむずかしくなります。ですから好きな相手がいる人は、愛と感謝の気持ちをできるだけたくさん相手に示してください。相手をあるがままに受け入れ、ふたりの相違を乗り越えて、すばらしい一体感を感じるのだと決意してください。相手を尊重し感謝する気持ちがあると、ふたりの関係は親密になってリラックスし、一体化します」

「非常に深刻な葛藤がある相手に対して、どうやったらマイナス感情を捨てられますか」とパトリシアが尋ねた。

バーソロミューは彼女のほうを向いて、「まずその感情を**本当に捨てたいのかどうか**確かめる必要がありますね」と説明した。

「本気なら、そしてその感情とじっくり向き合うことができて、それがあなたにとって大切なことなら、マイナス感情を引き起こすものが何なのか、発見できるでしょう。その原因はけっして目の前にあるものではありません。目の前にあるのは過去を反映する鏡なのです。マイナス感情の引き金は、ちょっとした表情だったり歩き方だったり誰かが言った言葉だったりします。そうしたちょっとした仕草によってよみがえる瞬間の過去の記憶が、あなたを喜ばせたり嫌な気持ちにさせたりするのです。けれどもそれらの感情はあなたの目の前にあるものとは無関係です。自分の感情を見つめて、嫌悪感が自分の中にあると認めてください。自分の気持ちを〈良い〉か〈悪い〉か、〈マイナス〉か〈プラス〉かと分類してしまわないで、ただ〈おもしろい感情〉だとだけ自分に言います。こうした分類は自分の批判を正当化するときに使われるからです。

あらゆるものは変化する、と人はやがて気づきます。マイナス感情からプラスの感情に変わると、人は『ああ、すばらしい』と思います。けれどもマイナスの感情を避けて、『ああ、すばらしい』という感情をできるだけたくさん味わおうとするから、カルマの輪にしばりつけられてしまうのです。カルマの輪にしばられずに生きることもできるのですよ。二極の価値のあいだを行ったり来たりするのは、あなたの本質のごく一部でしかありません。あなたの本質はそれよりははるかに膨大な神秘を秘めたすばらしいものです。意識が目覚めると、二極性の世界は、今あると思えばすぐ次の瞬間には消えてしまう一時的な世界にすぎないことがわかります。最終的には、カルマの輪を旅しつづけるよりは覚醒するほうがずっと楽しいのです。ほかの何よりもよいですから、おすすめします。至福の境地を味わってみたいですか。目覚めなさい。どうやればいいか、ですか。今の瞬間に生きることです。たえず存在する膨大な無の瞬間の中心にいて、そこからすべてを眺めるのです」

バーソロミューはそこで話をやめて、あたりを見回すと、「みなさん、よく我慢しましたね。ここで休憩しましょう。休憩のあとで、今度は精神《マインド》について話します」と言った。

大きな精神《マインド》と小さな精神《マインド》

休憩から戻ると、メアリーマーガレットが小さな紙切れを手にしていた。「ニュージーランドの友人の家のバスルームで見つけたものをここで読んでみたいと思います。ゲーテ（注10）の言葉ですが、みなさんも思い当たる節があるのではないでしょうか」と言って、座布団を敷いたテレビの台に腰をおろした。

本当に決意するまで、人はどこかためらいがあり、退却の可能性を残しており、かならず何かしらうまくいかない。人の発意と創造の行為には基本的な真理がひとつある。それを知らないがために無数のアイデアやすばらしい計画が陽の目を見ない。人が固く決意した瞬間、神の配慮と加護も発動するのだ。神の配慮なくしてはとても不可能だと思えることが起きはじめる。決意の瞬間から一連の出来事が発生しはじめ、夢にも考えなかったような出来事や人との出会いや物質的な援助がその人のところにやってくる。君が夢見ることは実現可能なのだ。一歩踏み出せ。大胆さが天才とパワーと不思議な力を生むのだ。今この瞬間はじめよ。

メアリーマーガレットはそこで一息ついて、「この言葉はわたしたちが聞くべき言葉のように感じます」と静かに言うと、マイクをつかんだ。ブラウスにマイクをとりつけ、目を閉じると体の力を抜いた。

「それではみなさん」とバーソロミューが話しはじめた。

「これから二、三分間、静かに自分の〈思考〉を観察してください。体を楽にして、思考そのものを体験してください。あなた方は常に何かを考えていますが、実際にそれがどういうことなのか、ほとんどの人は意識していません。ですから自分の思考に意識を向けてください。そのあとで、体と心《マインド》のつながりについて話し合いましょう」

わたしたちがこの思考という、普段しているのにその内容をあまり知らない活動を観察しているあいだ、バーソロミューは黙って待っていた。

「想念とは、特定の周波数をもった電磁気の波動で、肉体を通って頭脳に集中します」と彼はまた話をつづけた。

「その結果が思考と呼ばれる活動です。あなたのものではない想念の波動もあなたの体内を通過します。もちろん〈あなた〉の頭から発生したように思える想念も体内を通過します。普段あなたは自分の想念と思えるもの、つまり自分のエゴから生まれた想念に関心を払います。『これはわたしの考えだ』と言うよりも、『大きな想念や小さな想念がわたしの体内を通過する』という可能性を受け入れるほうがあなたの役に立ちます」

バーソロミューは身を乗り出して、つづけた。

「人生とは創造のプロセスだということをわかってください。**精神**《マインド》と呼ばれるこのすばらしい道具は多くの不思議な力に満ちています。そのひとつは**インスピレーション**です。心《マインド》を静めて、今あるものにただ意識を向けると、インスピレーションが生まれる可能性が出てきます。この点で瞑想が大変役立ちます。瞑想中は何も考える必要がなく、ただ黙って座っているだけです。昔ながらの考えを繰り返し考えていると、頭脳は同じ方法でしか活動できません。思考を止めてごらんなさい。そうすると心《マインド》の中のもっと深い意識のパワーが浮上するチャンスが生まれます。パワーが浮上すると、チャクラが開いたと感じる人もいれば、鋭い直感がひらめいたと感じる人もいます。

こうした開花はどれも有効で、それらを通して霊感を受け取ることができます。たとえば第三の目は強烈なインスピレーションの場所です」と言って、彼はメアリーマーガレットの額の真ん中を指さした。

「精神《マインド》が瞬発的に創造性を発揮し、それを第三の目が見ます。けれどもたえず思考にしばられていると、第三の目が開くことはまずありません。チャクラにはそれぞれの叡知があって、インスピレーションをあたえてくれます」

彼はメアリーマーガレットの臍の下をパンパンとたたいて、「このハラの部分には莫大な創造性が秘められています」と言った。

「ハラの中には大地に根をはったパワフルなインスピレーションと意志力があって、精神《マインド》に点火してアイデアを現実化する方法を示してくれます。ハラは物事をやり通す精神力、夢を実現させる力をあたえてくれます。何か新しいことをはじめるのを怖がらないでください。新しいアイデアを試し、新しい人生を築いてください。ハラのエネルギーがその力になってくれます」

バーソロミューは後ろにもたれて微笑んだ。

「神の定義についてよく質問されますが、ひとつには、神は**分別されていない可能性**だと言えます。無分別で無限の思考を含む無限の可能性で、人間の体内のあらゆるチャクラを通過します。人があらゆるレベルの意識とつながっているというのはこのためです。なぜなら肉体はチャクラを通してあらゆるレベルとつながっていて、あらゆる意識レベルの情報を受け取れるからです」

電磁グリッド――自分の青写真を選ぶ

バーソロミューはつづけた。

「わたしたちは、チャクラのセンターを電磁グリッド（配電網）またはパワーの集合点と呼んでいます。人は生まれる前に、自分が体験したい特定のエネルギーの場としっかりつながるように電磁流を設定します。地球の人生で体験したいと希望するさまざまなパターンを選択しますが、これらのパターンを総合してわたしは**青写真**と呼んでいます。青写真は誕生前の拡大意識の下で選択された電磁場です。たとえば前もって、子どもをもつ確率や百万長者になる確率など、人生の何百という出来事の可能性を決定します。無分別で無限の可能性であるエネルギーが肉体の姿をとるとき、それがあなたの人生やあなたの興味、あなたの欲望というふうに分別化されます。わかりますか」

バーソロミューは一息ついて、みんなを見回した。よくわからないという顔の人もいれば、理解できて瞳を輝かせている人もいる。なかには、まったく頭が混乱しているように見える人もいる。

「では、別の面から説明しましょう。引きつける力と反発する力の二極性の話に戻ります。あなたがある特定の人たちに引きつけられるのはなぜだと思いますか。その関係がいいこともあれば悪いこともあるし、楽しいこともあれば苦しいこともあるのに、なぜか引きつけられます。それは、電磁グリッドの波動が発するシグナルを同じ周波数の別のグリッドがキャッチするからです。**ソウルメイト**（魂の伴侶・仲間）という言葉は、ふたつの同じ電磁グリッドがつながるのをロマンチックに表現したものです。こういうふうに言うと、無味乾燥ですが、そういうことです」と言ってにっこりした。

エミーが発言して、「どれくらい変更の余地があるんですか。生まれる前に決めたことはもう変えられないんですか。それともまだ選択の余地がありますか。自分が前もって決めたことをもう望まなかったり、過去に選択したグリッドを少し故障させたいと思ったらどうなるんですか」と尋ねた。

バーソロミューはワッハッハと笑った。

「いやあ、おもしろい！　グリッドの故障ね。いや、すばらしい。完全な覚醒を得るまでは、人はグリッドの可能性を完全に使い果たすことはありません。グリッドを動かしたり深めたり創的に変化させる余裕は**常に**あります。潜在的な可能性であるグリッドは膨大な拡がりをもち、莫大なパワーで脈動しているので、あらゆるタイプの変化を受け入れる余裕があります。科学者が人間は潜在的な可能性の十パーセントしか使っていないというのはこういう理由です。科学者は、グリッドの信じられないほどの膨大な可能性と、人が実際に実現する量とを比較しているのです。もっと多くの可能性があるのですから、どうか心配しないでください。自分を拡大しつづけてください。グリッドは巨大です。グリッドの端に達してこれ以上進めない、ということは起きません。どんどん進んでください。

　グリッドを創るときには、目覚めた意識の一番深い部分を使って、ほかのエネルギーの助けもたくさん借りながら創ります。誕生後もそうですが、誕生前には無限の助けが得られるのです。遠くへ旅行するときには、たくさん時間をかけて専門家のアドバイスを集めますね。どんな装備が必要か調べます。その道に詳しい人のところに行って、『ここに六種類の水筒があるんですが、どれが一番役に立つか教えてください』と尋ねます。この人生の旅をはじめるときにも、目をつぶってエイヤッと人生に飛び込み、必要なものがそこに揃っていることを祈るだけだと思いますか。人生の旅に必要な装備を選ぶ際には、文字通り無限の叡知をいつでも使えます。

　こういうわけで、たとえばあなたが子どもを産む運命になかったら、どんなことをしようとも、子どもを産めません。反対に、子どもを産む運命だったら、子どもを産まないですますことはできません。それと同時に、特定のパターンに含まれる教えを学んだら、別の新しいパターンを創り出すことも可能です。自分の未来を推測しようとしないで、ただ、今の瞬間を充実して生きてください。そして、あとは人生そのものにまかせましょう。人生とは自分自身を生きることだということを忘れないでください」

　エミーが何かを期待するようにバーソロミューの顔を見ながら尋ねた。

「今のたとえ話はわたしの悩みとぴったりです。わたしは妊娠中、お腹の子どもが女の子だと確信していました。名前もわかっていたし、その子のエネルギーも感じることができました。霊能者のところに行ったら、やはり女の子だと言われました。でも生まれてきたのは男の子でした。あれは全部、わたしの単なる思い込みだったのでしょうか」

「いいえ、あなたの思い込みではありませんでした。この質問には大事な点が含まれています」と彼は返事した。

「こうしたことは黒か白かというように明確ではありません。こうしたこととの選択過程には、柔軟性や創造性や神秘がたくさん含まれています。あなたには子どもが必要でした。あなたの息子さんは男性性と女性性をほどよく調和させたすばらしい存在です。あなたは彼の調和した精神の中の女性的な部分を感じたのでしょう。

人は誰でもグリッドの中に〈ねばならない〉を設定します。自分がしなければならないものですね。恋愛関係を通して人生を体験せ〈ねばならない〉人もいれば、子どもを通して体験せ〈ねばならない〉人もいます。ときには、子どもを亡くすことを体験せ〈ねばならない〉こともあります」と静かに言った。

「子どもというのは親の人生を長期間にわたって左右します。今日ここにいたかと思うと明日はいなくなってしまうというような、おまけの存在ではありません。こうした確定事項の中にも、未確定の部分や変更可能な部分がたくさんあるし、ふたつのものが溶け合ったり、新しい目覚めや理解が生まれたりと、限りのある頭脳では想像さえできないほどです。人生は創造のプロセスだということを忘れないでください。あなたが目覚めてくるにしたがって、もっともっと深遠なる知識に出会えます」

ダーシーがバーソロミューのほうに身を乗り出して質問した。「聞いていて、頭が混乱してしまいました。子どもの中には、〈ねばならない〉から生まれた子どもとそうでない子どもとがいるということですか」

「そうです。あなたの子どもは〈ねばならない〉子どもでした。けれどもそのほかに、意識の深いレベルで変化が起きたりその人の目的や意図が変更したりして、子どもを生まねばならない必要はなくなったけれども生まれた子どももいます。子どもができるのはふたりのあいだに契約があったからだとも言えます。十月二十日にハリウッド通りとヴァイン通りの交差点で会おうと約束するのと同じです。地球界ではそうした約束は日常茶飯事です。東京の人とカイロの人がロサンゼルスで落ち合って、いっしょに催し物を企画しても、別に変わったことだとも思わないでしょう。

恋愛関係が充分に開花する前にしぼんでしまったというような場合、『ちょっとここで考え直してみよう』という段階をその人が通過していることが多いです。『進まない』と決めれば、恋愛は起きません。カルマとはよそ見をしないでまっしぐらに決められた道を歩むことだという考えは、創造性に欠け、限界に縛られた、退屈でつまらない見解です。リスクを冒し、リラックスし、愛と目覚めた意識をもってより大きな可能性にぶつかっていくと、あなたは次の可能性が潜むグリッドの交差点に移動します。その交差点に誰かがやってきても、その人の周波数があなたの拡大した意識の周波数と合わなくなっていたり、相手の拡大した意識の周波数があなたのと合わなければ、ふたりの出会いは起きません。わたしが言いたいのは、あなた方はそれぞれの瞬間に新たに創造されるダイナミックな人生を生きているのであり、それは絶え間なく拡大しつづけながら新たな喜びをもたらす可能性に満ちている、ということです」

「わたしは想念の攻撃波を感じることがあるのですが、グリッドはそれに影響されますか」とエミーが質問した。

「おたがいの同意によってつながった場合にだけ、そうなります。似たようなエネルギーが相手のグリッドになければ、グリッドにいられません」とバーソロミューは答えた。

「けれども忘れないでくださいよ。グリッドの可能性は膨大で、あなたがその気にさえなれば、完全なる覚醒の可能性は**常に**含まれています。自分の内なる神を実現する可能性はたえず存在し、これは〈神の恩寵〉とも言えます。これは**すべての人類**に対する可能性として常に存在します。神はえこひいきしませんからね」

パトリシアが手を振ってバーソロミューの注意を引きつけると、質問した。

「こういう〈ねばならない〉は誰が決めるのですか」

「もっとも深い意味では、意識のもつ潜在的な創造性がグリッドを決めます。または、別の言い方をすると、すべて神から生まれます。けれどもこの創造力の中にはあなた自身の〈個人的な〉グリッドも含まれています。あなたのグリッドはあなた自身の可能性や必要性にしたがって創られ、非個人的な神の性質と個人的なあなたの過去やカルマや欲望の両方をあわせもっています。あなたは、今自分だと思っている人間として姿を現している目覚めた意識です。〈あなた〉は、完全に目覚めた人間とはどういうものかという可能性のすべてを体験するために肉体をまといます。そこで、まだ体験していないことで体験する必要のあることをグリッドに設定します。自分がすでに体験して理解したことはグリッドに入れません。

たとえば過去世で僧侶だった人がいて、僧侶としての人生が不完全だったとします。僧侶であることを完全に理解する必要があるので、この理解されていない部分が別の人生に戻ってくるわけです。あなた方はあらゆる種類の人間を演じてきましたし、まだしていない人はこれからそうするでしょう。最終的には、人生のあらゆる面をすべて体験し、数々の人生経験を通して悟りを得て、何に対しても魅力も嫌悪感も感じなくなった人が人間業を完了した人と言えるでしょう。その人たちは好き嫌いを超越した次元にいるのです。

自分がそんなことをするなんて夢にも考えられないと思うほど嫌悪する行為がまだ存在する人は、いつか将来その行為を体験しなくてはならないかもしれません。それをしなくてすむためには、〈嫌悪する行為〉をする傾向が自分にだってほんの少しはあるかもしれないと考えてみて、そうした行為に対する嫌悪感を少しずつ和らげることです。嫌悪するものと自分とがまったく無関係の別々のものではないかもしれないと感じはじめると、嫌悪する行為を生む心理が理解できます。そうしてはじめて、人は人間の可能性のすべてを含んだ全面的に完全な人間になれます。自分に嫌悪感を感じさせるものを充分に体験しつくすと、もはや嫌悪感は未来への怖れではなくなり、単に潜在的な可能性のひとつになります」

そこでバーソロミューは体を楽にした。

「自分が嫌っている相手や感情を本当に知ると、嫌悪感はなくなります。自分を怖がらせるものや自分にはとても対処できないと思う状況に人は嫌悪感を抱くのです。恐怖を感じる状況をみずから体験しないですむためには、その状況にまつわる心理を感じ取り、理解しようとする意志をもてばいいのです。また、自分とその状況とは何の関係もないのだ、そうした嫌悪したくなる状況を現在演じている人間と自分とのあいだにははっきりとした区別があるのだ、という非現実的な思い込みをなくせばいいのです。**その人たちが**演じてくれていることに感謝しましょう。おかげで、あなたは彼らという鏡の中に自分自身を見る機会をあたえられ、みずからそれを直接体験せずにすんでいるわけです。

どういう形であれ、あなたがほかの人に同情したり、共感したりするとき、あなたはもはやその相手から分離されてはいません」

バーソロミューは後ろに寄りかかりながら、わたしたちのほうを見て微笑んだ。

「これは何人もの人に言ったことですが、バスに乗るときなど、今回の旅行で一番苦手な人の隣にできるだけ座るようにしましょう。何度もいっしょに座って、相手を批判しないで素直にあるがままに見ようとしてごらんなさい。すると、自分の一部をそこに見て、それがもう自分から分離しなくてすむことに気づき、ほっとするでしょう」

パトリシアがノートから目を上げて、「誰かに反感を感じたら、その相手となるべくいっしょにいて、その人が自分のどの部分を反映しているのか考えるようにしています」と発言した。

「すばらしいですね」とバーソロミューが答えた。

「相手が目の前にいるときはそうできますね。多くの場合、人が嫌悪感を感じるのは目の前にいる人や目の前の状況とはまったく関係がなくて、ただ自分とは違うライフスタイルや生き方に反感を感じるからです。

たとえば、いわゆる西洋社会では、発展途上国の果てしない暴力に多くの人が嫌悪感を感じます。自分にはとてもあんなひどいことはできないと考え、よそで起きている暴力を見ては嘆かわしいことだと言います。そう批判する人たちも、快適な居間でテレビを見る代わりに、発展途上国の絶望的な状況に身を置いたなら、自分を含めて、なぜ人々が暴力行為に走らざるを得なくなるかが理解できるでしょう。子どもの食べ物を手に入れられるかどうか、子どもが生きるか死ぬかという瀬戸際だったら、あなただって直接暴力行為に走るかもしれません。そうした状況の下では、あなただって同じような行為をすることが考えられます。これが理解できると、共感できて批判がなくなります。言葉や観念や概念は何よりも人々をバラバラにします。自分を相手の立場に置いてその人の気持ちを考えるとき、あなたはその瞬間の現実を違った形で身近に体験することになります。

自分が何か怖れているものがあれば、それが何かを見つけだして、今、自分自身でこの瞬間に、その怖れを充分に味わいましょう。前にも言いましたが、自分が嫌だと思うものが人であれ、状況であれ、何であれ、あなたがそれを見たり考えたり想像したりできるということは、それが**あなたの中にもある**ということです。あなたの中になければ、あなたはそれを見たり、それについて考えたり想像したりできないからです。何かに嫌悪感を感じたら、それが自分のグリッドの中にあって、自分はそれから逃げ出さないで体験する必要があるのだと気づくと、嫌悪感は自然になくなります」

闇を明るみに出す

ジャスティンがバーソロミューのほうを向いて質問した。
「なぜ何百万もの人たちがソマリアのような場所に生まれて餓死することに同意するのですか」

バーソロミューは両手の指先を合わせると、しばらく目を閉じた。

「悲惨な出来事ですね。とても良い質問です」と言ってからつづけた。

「地球における基本的な二極化のひとつは、持てる者と持てない者との格差です。自動車やエアコン以上の問題で、食料、住居、医療、飲み水や生命の安全などの必要不可欠なものの格差です。何百万という魂が、この地球を支配する闇の部分を人前にさらすことを選択したのです。この闇とは、自分は欲しい物をすべて手に入れて人生を楽しんでおきながら、ほかの人間が基本的な必需品さえない生活に苦しんでいるのに何もしないという態度です。

非常に少数の例外を除いて、この地球の人々は、助けを求める叫び声や絶望の声が世界に響きわたっているにもかかわらず、自分の持っている物を分けあたえようとはしません。そこで現在、ソマリアをはじめとするアフリカの各地でそうした状況が起きています。貧困と暴力を原因とするこうした問題は何百年も昔からありましたが、今やそうした問題が世界中に衝撃的に報道された結果、人々は貧富の格差を認めざるを得なくなりました。テレビというすばらしい道具や国際報道システムのおかげで、事件が生々しく報道されるようになった結果、人々は地球界の現実の真っ直中に放り出される羽目になりました。自宅の居間のソファにゆったりと座って、冷たい飲み物を飲みながら、こうした悲惨な出来事が展開していくのをテレビで見ていると、やがてなぜか胸がぎゅっと締めつけられる感じがして、無視できなくなります。そしてもっとバランスの取れた社会にするために何かしなくてはいけないのではないかと感じはじめます。

人類の欲望が生む闇を人前にさらすために極貧の生活を選ぶのは、ふつう、非常に勇気がいることです。あなたがもしソマリアの幼い子どもたちの目を見つめることができるとしたら、その中には地球上でもっとも賢く目覚めた意識の人間を発見できるでしょう。こうした悲惨な出来事がこれからもあなた方の意識に不調和の闇を見せてくれるでしょう。飢えたアフリカの子どもたちの中には、人類の不平等を明るみに出すことをグリッドに設定した子もいます。ソマリアでは子どもたちが餓死し、インドでは誕生直後に殺され、アメリカではひどい虐待を受けています。地球ではこうした出来事が何世紀にもわたって起きてきましたが、現在、こうした出来事は、強固な精神力をもち、こうした状況に直面する勇気をもつ魂たちによって選ばれ、演じられています。もっとも悲惨な出来事を演じているのが、実はもっとも偉大なる光の人間たちだということもあるのです。

いわゆる個人のカルマなどというものでは、こうした出来事はもはや説明できません。虐待される人は過去世で相手を虐待したにちがいないという考えは、真実とはかぎりませんし、問題の解決になりません。それとはまったく違った状況が生まれている可能性があります。それが何なのか自分に訊いてみてください。よく事情を知らないのに他人を批判したりしないように。他人を批判したくなったら、自分自身をもっと深く綿密に調べてごらんなさい。目をそむけたくなるような出来事を直視し、それに対する自分の感情を見つめて、犯罪人に深い同情を感じるまでになると、その行為は、無知という岩の陰に長いあいだ隠されてきた闇をなくす大きな力になります。自分を虐待した人間を理解し、赦す心境になれた人は誰でも、地球上に光を拡げていると言えます。そのような人はもはや犠牲者ではなく勝利者です」

バーソロミューは後ろにもたれかかって、一息ついた。

「この窮屈な部屋でみなさんよく我慢してくれました。もうこれで終わりにします。その前に、昨日の宿題を今日もまた繰り返し実行してほしいと思います。できるだけ長いあいだ、今の瞬間にいてください。自分なりのやり方で、それがどんな意味をもつか試してみてください。昨日よりもっと肉体を巻き込むことができるか、やってみてください。寺巡りをするときにも、目覚めた意識をもって歩いてください。話してはいけないということではありませんが、話したり歩いたりしているときにもすべてに意識を向けなさい、ということです。歩くことと話すことと意識を向けることを同時にするのが目標です。

今日、寺巡りをするときに次のことを頭に入れておいてください。世界中でこの国ほど、空間と形の意識が美しく調和している文化はありません。日本の神社仏閣建築がすばらしいのは、どんな建築物においても空間こそがもっとも大事であると認識されているからです。空間を占める物体は空間に従属します。空間自体が神聖なものであり、物体はあくまで聖なる空間を一定の形に形作るために使われています。形と空間が協力し合っているので、無の空間と見えるのは実は形が生まれたり消えたりする子宮だと言えます。

今日はできるだけたくさんこうしたすばらしい空間を見つけてください。そして自分自身がその無の中に流れ込んでいくのを体験してください。そうすると、スピリチュアルな世界の基本的な真理を実際に体験できます。つまり、空間を占める物体は生まれたり消えたりするが、空間は常にそこにある、ということです」

メアリーマーガレットはマイクをはずして立ち上がり、伸びをしてから、「嵯峨野に行きますので、一時間後にロビーに集合してください」と言った。集会は終わった。

空間の意識

その日の午後、わたしは真っ黒な長方形に向かって歩いていた。天竜寺の門の輪郭だった。戸口が外壁の中心より左寄りにあるうえ、踏み段がさらに左寄りだったので、わたしの空間感覚はそこですでに狂ってしまった。内なる空間《スペース》がわたしを誘った。最後のフロンティアとしての宇宙《スペース》がわたしたちの頭上に浮かんでいた。

夜空が穴のたくさんあいた黒のベールにすぎないとしたら、人間は空の向こうにある光を探したりするだろうか。宇宙を完全に圧縮して空間がなくなってしまったら、わたしたちは押されて別の宇宙に飛び出してしまうのだろうか。感情の余裕《スペース》がまったくなくなったら、体はどうなるだろうか。すべては想像にすぎないのだろうか。

空間のメッセンジャーである風がそっと頬をなで、わたしを暗闇へと誘った。足を踏み入れ、息を吸って意識を拡げると、古色を帯びた建材と香の匂いがした。そして内部の庭園の空間に向かって息を大きく吐き出した。

ヨーコが微笑んで、わたしの腕を軽くたたいた。彼女はカメラをダーシーに渡して写真を撮ってもらおうとしていた。ヨーコとメアリーマーガレットとユーコとわたしの四人が縁側に並んで座った。ユーコが体を少し後ろに倒して笑顔を作った。メアリーマーガレットとヨーコは肩を寄せ合って座り、カメラに向かってにっこりしている。わたしが彼らの後ろにひざまづいて、柱に寄りかかったとたん、シャッターが切れた。砂の上の足跡のように、わたしたちの体も空間にかすかな跡を残すだろうか。建物を囲む砂利道を歩いていくと、噴水のある池があって陶器の蛙たちが中で戯れていた。

幾何学的対称の空間、非対称の中に調和がある空間、形式ばった中に遊び心がある空間などが一度にわたしを迎えてくれた。ここに偶然はない。あらゆる角度、あらゆる眺望、あらゆる屋根の傾き、庭石、竹の手すり、生け垣、石灯籠、水面に映る景色などが厳密な計算のうえに配置され、自然に見えながらも格調高い背景を生んでいた。

人々は石と掃き清められた砂利の庭を見つめつづけて退屈しないのだろうか。それとも本当に気をそそられるのはそれらを取り巻く空間なのだろうか。

角を曲がると、砂利道が二手に分かれていて、一方は屋根付きの細い散歩道だった。壁はなく、柱が適当な間隔で並び、床板が敷かれて林の先までつづいているのが見えた。歩くたびに、柱のあいだから見える景色が様変わりする。岩をおおう柔らかな濃緑の苔があたり一帯を敷きつめ、小さな流れの岸にまで垂れ下がっているかと思うと、その背後では灌木いっぱいに花が咲き乱れている。滝の音がどこからか聞こえ、散歩道の両側には色鮮やかなランがここかしこに見える。古色を帯びた灰色の瓦が屋根をおおっているが、まわりの強烈な色彩に気おされて空間が圧縮されているようだ。

わたし自身も親指の爪くらいに縮んでしまった気がして、この庭園を歩きながら、まるで静物画の中を通っているような気分だった。わたしは恍惚として、この空間と形の調和に魅入られてしまった。空間が泡となってわたしの体内ではじけ、わたしが空間を呼吸しているのか、空間がわたしを呼吸しているのかわからなくなった。

「**これをもっと！**」とわたしは欲した。

〈あるがまま〉の意識から離れて欲望を抱くという致命的なミスを犯したとたん、わたしのまわりの空間が飛び散ってしまった。わたしはショックでぼう然となり、ミスの重大さに打ちのめされた。あっという間に、空間は以前の通りにどっしりと落ち着いてしまった。まるで熱風に吹き当てられたかのように、わたしは一瞬、どうしようもない孤独を感じた。空間にしがみつきたいと望んだ結果、それを失った。またもや執着心のなせる技だ。

わたしは仲間に追いついた。砂利道をしばらく行くと門があって、その向こうは竹林だった。空間はいまや縦軸に移動し、ロケットのように上空高く飛び出して、薄緑の煙を地表付近に残した。道の片側が竹垣になっていて、同じ高さに切られた竹が並んでいたが、それぞれの竹にはびっくりするほど個性的な顔があった。竹垣の黄金色の竹が陽光にきらめき、それに柔らかな茶色の影がまだら模様となってちらついている。黄色い葉をつけた笹がカサカサと音を立てた。背後には大きな緑色の孟宗竹がそびえ、緩やかにカーブした幹の先にこんもりと葉が茂って風に揺れている。すぐ上に乳白色の空が見えて、手が届きそうだ。竹の葉が風に揺れてため息をそっとつくと、孟宗竹のぶつかり合う音がカーンと聞こえて、ハーモニーを生んでいる。あたりの渋い色彩は、陽の光を受けるやいなや円熟した色を放とうと待機している。太陽光線が空間に弧を描き、竹の幹を緑色の稲妻のように駆け下りた。

竹林の魔術に魅せられて、ある者は大げさに誉め讃え、ある者は言葉を失って沈黙した。やがて竹もまばらになり、嵯峨野の裏道に出て、ホテルへの帰途についた。

わたしは空間に内在する形の美に魅入られたのだろうか、それとも空間そのものに魅せられたのだろうか。わたしは思考の世界から抜け出して、今の瞬間にいられたのだろうか。

（注8）一九九一年九月号の『ニューエイジ・マガジン』誌の記事。

※訳注：彼女の体験は、著書『どうして私はエイズから生還したのか』（フットワーク出版社より邦訳出版されたが現在は絶版）に詳しく記されている。

（注9）ジャスティンとメアリーマーガレット・ムーア夫妻がニューメキシコ州北部に設立した学校。

（注10）十八世紀から十九世紀にかけてヨーロッパ啓蒙主義時代に活躍したドイツの詩人・作家・神秘主義者。

10　京都の五日目――別れと夜の観劇

わたしたちの部屋にみんなが集まるのも今日で最後だ。メアリーマーガレットはテレビの台に腰をおろして座り心地を確かめると、マイクをブラウスに取り付けた。それから水を一口飲むと、目を閉じた。

「みなさん、おはようございます」とバーソロミューが話しはじめた。

「今日の集会が終わったら、インド到着後二日目までみなさんとは会いませんので、みなさんがカーラチャクラの恩恵を充分に受けられるよう、これから起こることについて話しておきたいと思います。カーラチャクラ灌頂《かんじょう》では、ダライ・ラマばかりでなく弟子僧たちのエネルギーもいっしょになって、ブーンという強力なエネルギーの渦が巻き起こります。このエネルギーの渦に加えて、ヒマラヤ山脈の大自然のエネルギー、それにシバ神（注11）の冬の住居である標高四千八百メートルのキナウル・カイラス山から流れるエネルギーなどが合わさって、あなた方を根底から変える絶好の機会を作り出します」と言って、バーソロミューはいたずらっぽく笑った。

「たとえそこで何が起ころうとも、あなた方は行く前と行った後ではまったくの別人になっているでしょう。これまで何回も話したことですが、体の細胞がリラックスすると、そこにあるどんなエネルギーも受け取れるということをおぼえていてください。体に向かってそっとやさしくリラックスするように言うと、体はリラックスします。インドに行くときにこれは大切な点です。

　インドでは目新しい光景や音や匂いや味に遭遇し、あなた方はそれに感情的な反応をします。なかには痛ましいものもあれば受け入れがたいものもあるでしょう。目の前にあるものを五感を通して体験するわけですが、それによって自分の気持ちがどう左右されるかを詳しく観察してください。慣れない新しい体験を喜んで受け入れるか、それとも非難の目で取捨選択するかはあなた次第です。あなた方は自分が慣れ親しんだ文化とはまったく異質の文化の中に入っていくわけですから、警戒心が全面的に発動されるかもしれません。まわりと自分とを分離してしまう可能性があります。その一方で、目覚めた意識と好奇心と何でもやってみようという精神で行動すると、これまでしたことのないようなすばらしい体験をする機会も訪れます。

　自分が〈こうあるべきだ〉と思っていることと違うからといって、軽蔑したり不快に思ったりすると、このインドという国で繰り広げられているすばらしい人生模様を見逃すことになります。一瞬の気づきさえあれば、自分が今見知らぬ異国にいるのだと気づくことができるのですから。もっと広い心をもって、意識をとぎすまし、多様で精神性に富んだこの文化に自分の心がどう反応していくか見てください。
人生の貴重な二週間を無駄にして、いかに大切なものを見落としたか、帰国後に気づく、というような間違いを犯さないでください。とにかく旅行中のあらゆる出来事に力まずに自然体で向かい、自分の中の裁く心に気づいてください。裁く心が起こっても、それを押しのけようとしたり無視したりしないように。目の前で展開する人間模様の一部に、あなた自身、少しずつなっていきましょう。結局、すべてはあなた自身なんですから。自分のことを笑いましょう。笑うしかないという状況に何回もめぐり会うでしょうから」

バーソロミューは体を楽にして一息つくと、水を飲んだ。

「このことで何か質問がありますか」

ダーシーが手を挙げた。

「インドの人々の貧困や悲惨な状況については聞いたり本で読んだりしました。そうした状況に背を向けたくありませんが、それに圧倒されそうな気がします。どういうふうに対処したらいいですか」

「インドは、批判精神なしに見る勉強をするには最適の国です。一見したところ悲惨や貧困と見える状況の中でもすべてをありのままに体験してみると、そこには喜びや受容の精神もあることがわかります。道で笑い転げたり喧嘩している子どもたちを探してごらんなさい。市場でおしゃべりに興じている女性たちや友だち同士で集まっている男性たちを見つけてごらんなさい。あなたが悲惨と呼ぶ状況とともに、旺盛な生命力の現れと思われるものも探してごらんなさい。

では、貧困や悲惨はインドにはないのでしょうか。もちろん、あります。でも忘れてほしくないのは、貧困や悲惨はあなたの人生にもあるということです。彼らの苦しみはあなたの苦しみです。あなたにはあなたなりの苦しみがあり、彼らには彼らなりの苦しみがあります。それに、あなたが体験する感動や喜びを、彼らだって体験します。インドのあらゆる面を見るようにしてください。そうすると自分の中にもあらゆる面を感じることができます。インドは非常に興味深い複雑な国で、さまざまな問題に対してあなた方とは違う対処の仕方をします。そうしなければ、これまで生き延びてこられなかったからです。ですからインド人の巧妙さや悪賢さに遭遇しても、それを理解してやってください。金銭のやりとりで意見が合わないこともあるでしょう。けれども少額のルピーを損したからといって、あなたが傷つくことはないのですから、そんなことに目くじらを立てないでください」とバーソロミューは笑いながら言った。

「インドの人たちは、あなた方と違って、精神面でも有利な立場にあります。インド大陸は地球の中で精神性がもっとも高い地域のひとつです。神々や女神たちが人々の生活の中に生きていて、人間と対等の地位にあります。神や女神たちは踊ったり、遊んだり、〈みだらな〉ことや〈悪さ〉をしたりします。平均的なキリスト教徒だったら神の行為としては夢にも考えられないような行為までするだけでなく、それらを大いに楽しみます。この文化に生まれた子どもは、生まれたときから何らかの形の神の存在を信じています。インド人だったら、神が存在するのかどうか、存在するとしたらどうやって見つけたらいいのか、と問いながら人生の半分を過ごしたりはしません。インド人が悩むとしたら、たくさんある神のうち、どの神様を拝んで一体となるべきかということでしょう。神と融合して一体になるというのは彼らにとって現実に可能なことであり、至福と歓喜の可能性を含んでいます。

これからの二週間は、肉体的にも精神《マインド》的にも感情的にもより一層健やかで完全になる可能性があらゆる瞬間にもたらされます。そのためのアドバイスも毎日わたしのほうからします。まず手始めに、体の細胞が健康かどうかは精神《マインド》の責任だという事実を忘れないようにしてください。身の安全を守ろうとして頭は体にさまざまな指示を送っていますが、そのため体も細胞もコチコチに緊張しています。ですからリラックスして警戒を解き、何も心配しないようにと体に指示をあたえましょう。その結果、体の細胞がゆったりとくつろぎ、インスピレーションが湧いてきます。

こうしたくつろぎの瞬間を意識的に作り出す必要性を強調したいと思います。どれだけ長い期間、体の細胞が極度の緊張下に置かれてきたか、みなさんにはなかなか理解してもらえないことはわかっています。体にリラックスするよう指示をあたえると、細胞はただちにリラックスします。一瞬の出来事で終わるかもしれませんが、とにかくリラックスします。これを何度も繰り返してください。体がリラックスすると同時に、これまで避けてきた心の問題や感情が表面化してくるでしょう。間違ってもその感情を他人のせいにしないでください。湧き出てくる感情やイメージをいいとか悪いとか決めつけないで、そのまま見つめましょう。それを意識したまま、体の緊張を解いてください。

何かが起きたときに感情がパッと出てくることがあります。脚気の検査で膝がポンとはねるのと同じで、条件反射だと思えるかもしれません。考えもなしに相手に向かって言葉が飛び出したり、なぜか後ずさりしてしまったりすることがあるでしょう。こうした条件反射的な言動は思考を介さずに自動的に生まれるように見えます。こうした自分の反応に気をつけてください。体がリラックスして何ごとも受け入れる体勢にあるときには、それまで隠れていた古い感情が表面に出てくる可能性があります。そうした場合には、自分に対してできるだけやさしい思いやりと理解を示してください。笑うことも忘れないでください。不安や疑いを消すのに笑いは大きな効果があります。

ヒマラヤ地方の高地に登るにつれて、酸素不足の影響を感じると思いますが、その結果、古い感情の解放がますます進みます。また、啓示体験をしたいと思っている人がいたら、ヒマラヤこそがそのための場所です。啓示の光がヒマラヤの空気や山々に満ちています。そこでさまざまな変化が自分に起こるのに抵抗しないでください。起こるにまかせてください。ヒマラヤで自分が一変するような体験ができるよう、あなた方はこれまでできることは全部してきました。この中には、感情的にも精神的にも経済的にも大きな犠牲を払ってこの旅行に参加している人も多いので、この旅行から最大限の効果を引き出しましょう。ぼうっとしたままで終わらせないでください。

多分あなた方は自分が完全に無防備で裸にされたように感じ、自分のことが自分でもわからないと思いはじめるでしょう。人間の心は、〈完全に無防備〉という言葉を聞くと、恐怖を感じます。無防備とは、誰かから攻撃されても自分を守ることができない状態だとあなた方は解釈しますが、わたしがここで言う意味はそうではありません。わたしの言う無防備は、もっとも深い意味で未知のものに自分をさらけ出すことであり、これまで自分が知っている世界とはまったく違う、思考と無関係のものの神秘とパワーに自分をさらすことです。これからの二週間、賞賛と感謝の気持ちを心にあふれさせましょう。そうした気持ちをもって、自分が目にするあらゆる花や身体障害、糞尿、山や川などを眺めましょう。どんな区別もしないでください。すべての価値を認めてください。すべてに心を開きましょう。深い感謝の目で眺めると、あらゆるものは美しいのです」

バーソロミューはそこで一息ついた。

「明日日本を出発しますが、この国のすばらしさは、今回の旅では表面をかすっただけだということにみなさん気づいたことでしょう」と言ってから、ユーコとヨーコのほうを向いて、「おふたりに大変お世話になり、心から感謝しています」と言った。そしてユーコに向かって、「世間が受け入れてくれるかどうかわからない本（注12）を出版しようというあなたの決意に感謝します。この本から多くの恩恵を受ける人もいれば、変な本だと思う人もいるでしょうが、大事なのは、この本を世に出すことです。リスクを冒して出版しようという決意に感謝します。ありがとう」と言った。

バーソロミューはわたしたちのほうを向くと、早口でつづけた。

「ではみなさん、これからの二日間を最大限に生かしてください。大変な努力をしてここまで来たのですから、それだけの成果をあげましょう。このような機会が二度と訪れないことは確かです。ただし、何も〈する〉必要はありませんよ。わかっていますね。ただこの瞬間に意識を向けて、あらゆる可能性に心を開き、エネルギーによって自分が変わっていくにまかせてください。あとはすべて神にまかせましょう。心配しないでいいです」とにっこり微笑んで話を終わった。

最後の寺

集会が終わると、みなさっさと部屋を出ていった。今日は日本での最後の自由行動の日なので、誰も時間を無駄にしたくないのだ。エミーとわたしは急いで部屋を元に戻した。

エミーはどこかに出かけ、わたしはジャスティンやメアリーマーガレットのところに行った。

昼食後、わたしたちはタクシーで銀閣寺に向かった。ずいぶん昔に勉強した日本美術史のクラスでわたしが惚れ込んでしまったあの銀閣寺だ。

感動的な景観にあふれるこの街のすばらしさはわたしの期待をはるかに越えるものだった。わたしの心が見たがっていたものを目がどん欲につかみ取ってくれるので、わたしは何にもまして視覚を賛美するようになった。わたしの肉体は今にもショートを起こして壊れそうになりながらも、何とか回路を維持して機能していた。

こうした奇跡の結果、歓喜が体内に侵入し、情熱が血管や神経組織の中を滅茶苦茶に走り回っては、シナプスからシナプスへと飛んだ。神経元はこの向こう見ずな情熱の暴走に歓喜の声をあげた。わたしの心は感謝の喜びにふるえ、思考はそれに屈服した。歓喜は大動脈の中をビューンと音を立てて勢いよく走り、毛細血管まで達すると、真っ暗闇にいた細胞の隙間に飛び込む。細胞たちはその離れ技にやんやの喝采を送った。そこに今度は銀閣寺というわけだ。

タクシーから降りると、そこには貸し切りバスがずらりと並んで観光客の帰りを辛抱強く待っていた。境内に入ったとたん、大勢の日本人観光客がにぎやかにしゃべったり笑ったりカメラのシャッターを押したりしている光景にぶつかり、人波にのみこまれそうになった。メアリーマーガレットはさっと身をかわすと、庭園を臨む静かな木陰に移動した。ジャスティンとわたしが陽気な一団の流れに背を向けると、そこに人の渦ができて、わたしたちは竹柵に押しつけられた。

だが後ろを振り向くと、そこには静寂の世界が広がり、苔や花に囲まれてぬれた岩が光り、流水がはねていた。

数分のうちに人の流れが変わり、あれほど込んでいた歩道も人影がなくなって、わたしたちだけが取り残された。空間が広がりはじめ、将軍の山荘転じて寺となったこの銀閣寺は親近感と荘厳さを兼ね備えた伝統美をわたしの前に現してきた。風雨にさらされた建材の柔らかな古色、建物と空間の繊細な構図、真っ直ぐに伸びた砂利道の直線美、緑の庭園を囲んだ砂地に残る箒の跡、それらがわたしを落ち着かせ、心を開かせてくれた。将軍やお供の者たちが月見の宴をはりながら、白砂の箒の跡が満月に映えて銀色の波のように光るのを眺めたというのも道理だ。将軍たちはここに静かに座って、水が流れる音や池の鯉がはねる音に耳を傾けながら、戦国の世の争いや陰謀の日常を離れて、いつの間にか内面の世界に運ばれていったにちがいない。完全に今の瞬間に意識を向けながら。

メアリーマーガレットは木陰に座ったまま、悠々と扇子を使っていたが、周囲と同じくらい穏やかに見えた。わたしたちはいっしょに銀閣寺を出、哲学の道を通ってホテルまで戻った。わたしは暑さに参ったのと銀閣寺での体験に今だ興奮していたのとで、冷房の効いた部屋に戻れてほっとした。

京都での最後の夜は、グループ全員がギオンコーナーという劇場に集合して、日本の伝統芸術を鑑賞することになっていた。日本での最終日を飾るのにもっともふさわしい行動に思えたからだ。

夜の観劇

鳥の脚が後ろ向きに曲がるというのは生存上不可欠なのだが、そうした関節が進化の過程で生まれたというのは何と感嘆すべき奇跡だろうか。か細い脚の付け根の関節がいかにデリケートで完璧なデザインの蝶番《ちょうつがい》に発達したか、驚くばかりだ。この小さな関節のおかげで、鳥は実に見事なバランス感覚の姿勢を取ることができる。横飛び、内股歩き、大股開き、後屈、二点着地、逆さ吊り、羽ばたき、腹這い歩きなどは鳥の動きのほんの一部にすぎない。こうした奇跡的とも言える柔軟な体は、鳥の主要目的である餌の収集と消化に大いに貢献しているわけだ。

その夜、種類はわからないが、一羽の鳥が京都の空を飛んでいた。鳥にとってはごく当たり前の曲芸的な動作の結果、その日、その鳥はミミズを掘り出し、市場の腐った野菜を盗み、ほかの鳥たちといっしょになって餌をあさった。鳥は花見小路通りの上を飛んで、明々と照らされた色鮮やかな建物の上をぐるっと旋回した。照明に気を取られたせいか、またはその日食べ過ぎて体調が悪かったためか、鳥はその建物のカーブした屋根にいかにもぞんざいな着地をおこなった。けれども片脚の爪が瓦にひっかかったおかげで、なんとか転げ落ちなくてすんだ。

一方、建物の中では一群の人たちが薄暗い舞台近くの席に陣取り、息をひそませて開演を待っていた。着物を着た女性がカーテンの後ろから現れ、舞台に座った。彼女は正確な手さばきで禅に由来する茶道の渋い美を見せてくれた。

茶道のあとは、琴と呼ばれる十三弦の楽器を使った厳粛な音楽が演奏された。それから、今度は男性がひとり舞台に現れて、六十センチくらいの高さの花瓶を置いたテーブルの前に立つと、床に置かれたたくさんの花や葉物を使って、静けさの中にもエネルギーがあふれる見事な生け花を実演してくれた。

カーテンが開いて、琴がふたたび現れ、つづいて太鼓とフルートのような楽器を持った人たちが登場した。雅楽の音が場内を埋めると、鮮やかなオレンジ色と金色の刺繡をした衣装をつけた男性がひとり現れた。想像上の獣を形取った派手な漆の面をつけ、様式化された力強い脚の動きでわたしたちをうっとりさせた。

演奏が止むと、垂れ幕が下がり、大名が足を踏みならしながら舞台の中央まで出てきて、古代の喜劇である狂言の最初のせりふをしゃべった。狂言役者の大げさな動作やあけすけの冗談がおもしろおかしい動きと相まって言語の違いを克服し、外国人観客はカーテンが閉まったあともお腹を抱えて笑っていた。

すると今度は舞台の端から琴の音に合わせて、ふたりの美しい着物姿の舞妓（芸者の見習い）さんがゆっくりと登場した。お辞儀をして体を後ろにそらすと、そよ風に揺れるポプラの若葉のような優雅さで横を向き、京舞と呼ばれる踊りを踊った。

ふたたびカーテンが上がると、舞台中央に火の見櫓《やぐら》がしつらえてあった。男性がひとり、九十センチくらいの人形のようなものを抱えて登場し、つづいて、真っ黒な衣装をつけ、顔も黒い布でおおった男性がふたり現れた。文楽と呼ばれる伝統的な人形劇で、十八世紀の恋物語の最終幕をこれから演じるのだ。着物を着たヒロインの複雑な動きがあまりに人間そっくりなので、しだいに人形遣いの姿が目に入らなくなった。ハッピーエンドの幕が下りたときには、観客はやんやの喝采を送り、口笛をピューッと吹いたり、足を踏みならす者までいた。


わたしたちは劇場の駐車場側に出たあと、三々五々タクシーを拾い、ホテルに向かった。ジュディスを含む何人かは、夜の散歩がてら歩いて帰ることにしたが、デザートに何か冷たい物が食べたいと言って、奇妙な運命の待つ方角へ店を探しにいった。幸い深夜まで開いているお菓子屋があったので、外国人旅行者たちはチョコレートでおおわれたソフトクリームを買い、わいわいおしゃべりしながら角を曲がって薄暗い裏通りへ入った。

屋根の上で居眠りしていた例の鳥は、気分を変えようとよたよた空に飛び上がった。まだお腹がいっぱいだったので、ぎこちない飛び方だったが、それでもゆっくり旋回しながら十五メートルほど上空まで昇ると、真っ直ぐに飛んだ。不思議な運命の糸がこの鳥の進路と地上を歩いているジュディスたちとを交差させた。ジュディスはおしゃべりしながらアイスクリームを食べていたが、ポトンという音を聞いて下を向くと、買ったばかりの白いスカートにチョコレートを落としてしまったのがわかった。

鳥はスッキリした気分になって、今晩の寝床となる木を探しに飛び去った。ジュディスは何も考えずにスカートをめくると、チョコレートをペロッとなめた。とても変な味だった。一瞬ののち、彼女はその〈チョコレート〉が鳥の置土産だと気づいた。

（注11）ヒンズー教の神で、幻想を破壊する。
（注12）一九九三年。マホロバアートはバーソロミュー著『I Come As A Brother』の邦訳を日本ではじめて出版した。

11　前進

もちろんこの話をわたしが聞いたのは翌朝の朝食時だった。わたしは笑いをこらえながら、何とかジュディスに同情を示そうと、それからどうしたのか、この経験をどう思うかと尋ねた。

「もうゾッとして言葉なんか出てこないわよ。吐き気がして溝にペッペッとつばを吐いたわ。ほかの人たちは何が何だかわからなくて、わたしが急に気が狂ったのかと思ったみたい」と言って笑った。

「この旅行中、すべてを自分の思い通りにすることなんてできないのだ、とこれではじめてわかったわ」

わたしは目玉焼きを細かく切って、こぼれないようにトーストの上に乗せながら、「ま、この経験から学ぶべき教訓があるんじゃない?」と無邪気に言った。

彼女は青い瞳をぐっと開いてわたしを見ると、「そうなのよ。あるのよ」と小さな声で言った。

「チョコレートアイスクリームを食べないこと」

笑いをこらえるために、わたしはメアリーマーガレットのほうを向いて、「これからわたしたち、どこに行くの」と訊いた。

「空港よ」と彼女は返事した。

「ジャスティンとバーバラとわたしは名古屋から出発で、そのほかの人たちは大阪から。そしてシンガポールで落ち合うの」とつけ加えた。

その前日、ジャスティンとメアリーマーガレットは、何かの手違いでグループのリーダーである彼らの航空券が空席待ちになっているのがわかって、大阪空港からではなく名古屋空港から出発しなければならなくなった。ジャスティンたちが新幹線の駅を間違えたりしないように、ヨーコがいっしょに名古屋まで行くことになっていた。


お別れのときが来た。みなはそれぞれ別れの挨拶をして、抱擁し合っている。ユーコはわたしたちが乗るバスの料金を運転手に問い合わせている。何人かはもうタクシーに乗り込んだ。日本の友人たちに今度いつ会えるのか、誰にもわからない。

大阪空港では離陸までに二時間待たされたが、シンガポール空港で予定通りほかのメンバーと落ち合うことができてほっとした。飛行機から降りると、メアリーマーガレットとジャスティンが出迎えてくれた。わたしのルームメートのキャロリン・レイクも数時間前にアメリカから到着して、わたしたちの到着を待ってくれていた。ロビーの壁にもたれて座っている彼女の腰にはお気に入りのカメラがぶら下がり、足元には例の大型バッグが転がっていた。わたしたちはキャロリンからアメリカのニュースを聞きながら、わいわい言って搭乗案内を待っていた。カクテルを一杯とコーヒーを二杯飲んだあと、わたしたちはようやく機内に入り、安全ベルトをしっかりと締めて旅行の最終目的地、インドへ向かって出発した。

訳者あとがき

本書は、バーソロミューの率いる旅行団体であるインウォード・バウンド・ツアーズが一九九二年に日本とインドを旅行した際の記録をまとめた本、『Journeys With A Brother』の前半を邦訳したものです。後半のインドに関する部分は〈インド編〉として後ほど出版される予定です。この年一回の団体旅行は、変容のエネルギーをもつと思われる地域にバーソロミューが魂の覚醒を目指す人々といっしょに二週間から三週間の旅をする企画で、これまで世界各地に出かけています。

バーソロミューとは、一九七七年末以来、アメリカ人女性メアリーマーガレット・ムーアさんを通して見えない世界からメッセージを送ってきた完全覚醒意識に便宜上つけられた名前ですが、一九九五年春に十八年間にわたる通信が完了しました。こうした見えない世界からの通信はチャネリングと呼ばれますが、ことの起こりは、メアリーマーガレットさんが腰痛の治療の一環として催眠をかけられたときに、過去世に戻る体験をしたことでした。以来、バーソロミューのメッセージを受け取るようになりました。本書でも触れられているように、そうした現象を信じられない家族や友人たちがメアリー・マーガレットさんのもとから離れていきましたが、同時に、バーソロミューの教えを求める人たちがたくさん集まって、毎月ニューメキシコ州のアルバカーキ市でメッセージを聞く会を開催するようになりました。

アルバカーキでの月例会に加えて、アメリカ国内や海外でワークショップも催されましたが、なかでも人々が楽しみにしたのが、インウォード・バウンド・ツアーズと呼ばれる年一回の団体旅行でした。一九九二年の団体旅行の行き先としてインドのほかに日本が選ばれたいきさつが、本書の第一部に詳しく書かれています。

これまでバーソロミューの本は英語で四冊出版されていますが、どれも彼の教えだけを編集したものでした。それが、本書ではまったく新しいアプローチがとられ、バーソロミューのまわりにいる人間たちが繰り広げるドラマの中で、バーソロミューの教えが語られます。本書をお読みになった方にはおわかりと思いますが、旅行参加者や編集者のジョイ・フランクリンさんの気持ちや行動が描かれているので、バーソロミューの言葉の背景がわかって読者の内容理解を助けてくれますし、教えを実践する際の苦労を知って、つい笑ってしまったり同情したり励まされたりします。

また、日本の読者にとって、本書は特に興味深いのではないかと思います。外国人が日本旅行を計画するときにどんなことを心配し、何を期待し、何に悩むのかを知って、意外に思われる方もいらっしゃるかもしれません。京都にコーヒーはないかもしれないと心配したり、成田のホテルから京都まで貸し切りバスで行ったほうがいいのではないかと迷ったりする話に吹き出したくなったり、舞妓さんの柳腰が英語ではポプラの若葉のように揺れると表現されることに新鮮な発見をしたり、日本の寺院を外国人の目で見直したりと、本書を通して異なる視点をあたえられます。

バーソロミューは、この日本・インド旅行のあたりから話の内容がますます禅的になり、『心を静めよ』『今の瞬間に生きよ』という教えに集中するようになった気がします。そしてわたしたちはすでに覚醒した意識で、それに気づきさえすればよいのだと励ましてくれます。

メアリーマーガレットたち一行二十人はこのあとインドに向かい、肉体的にも精神的にも厳しい体験をしますが、それがまた自分を根底から揺るがす忘れられない体験になったと言います。どうぞ〈インド編〉を楽しみにしていてください。

本書の第1章に、バーソロミューの本が日本に初めて紹介されるいきさつが書かれていますが、それはまた、わたしがそれまでの商業翻訳から本の翻訳へと移行するきっかけとなった出来事を描写しています。この時期はアメリカのメアリーマーガレットやジョイたちにも日本での最初の出版社であったマホロバアートの高木悠鼓さんやわたしにも、シンクロニシティが数多く起きた時期でした。まるでバーソロミューを日本の人たちに紹介するために宇宙が応援団を送ってくれたかのようでした。

一九九十年頃に急にスピリチュアルに目覚めたわたしが多くの本を読み進むうちに、そうした英語の本を日本の友人たちにも読んでほしいと願うようになりました。当時の日本はまだスピリチュアルな本、特に翻訳本は限られていました。けれども、本の翻訳にまったく縁のなかったわたしは一体どうやって出版社と連絡をつけたらよいのか、どのようなプロセスで翻訳本が出版されるのか知りませんでした。たまたまわたしの気に入ったスピリチュアルな本がマホロバアートから翻訳出版されていたので、手紙を出し、コメントを書きました。すると、社長の高木さん（あとで知ったのですが、マホロバアートは高木さんが一人で経営している小さなスピリチュアルな出版社でした）から返事が来て、私が翻訳したい本があるのかと聞かれました。当時、四冊くらいを同時進行で読んでいて、どの本を提案したらよいのか迷いました。それで、夜寝る前に夢で知らせてほしいと祈って寝ると、普段ほとんど夢を覚えていないのに、その翌朝にかぎって、本屋に行って、ワインカラーの本がボロボロ棚から落ちている夢をありありと覚えていました。ワインカラーの表紙のある本はバーソロミューの本でした。

すぐにバーソロミューの本を翻訳したいとファックスで伝えたところ、高木さんから、その本は翌年の出版予定計画にある本だという返事でした。そして、アメリカのハイ・メサ出版に連絡して、翻訳権を購入したいと伝えてくれと頼まれました。その後のいきさつは本書に書かれている通りです。翻訳出版の話がトントン拍子に進みました。

私がたまたま計画していた実家の福岡への帰省日がインウォード・バウンド・ツアーの日本到着日と同じだったことにも宇宙の計らいを感じました。彼らが京都に滞在する週は、セカンドジョブとして塾の英語講師をしていた髙木さんが、夏は超多忙なのになぜかそこだけ空いている週でした。こうして、メアリーマーガレットたちが初めて来た日本で、著者、英語版編集者、日本の出版社、翻訳者が京都に集まるという奇跡が起きました。

こうした数々のシンクロニシティのおかげで日本の方々に紹介されたバーソロミューですが、マホロバアートの閉業に伴い、絶版となっていました。

そうした歴史を持つバーソロミューの本をナチュラルスピリット社の今井社長が復刊してくださり、これまでに四冊が出版されています。この「バーソロミューとの旅」が英語でも日本語でも最後の本となります。

本書の翻訳にあたっては、「The Wind From Tibet」という日本語のウェブサイトをインターネット上に設けていらっしゃるタシー・テンルップさんからチベット仏教に関していろいろ教えていただきました。ありがとうございました。

編集者の田中智絵さんや澤田美希さんには細かな言葉や表現の提案をしていただき、日本を離れて五十年にもなるわたしの古い日本語を二十一世紀バージョンにアップデートしていただきました。ありがとうございました。また、バーソロミューの本をすべて日本に翻訳紹介することを可能にし、絶版になっていた本を復刊してくださったナチュラルスピリット社の今井社長には心から感謝いたします。

十八年間のあいだ、バーソロミューのメッセージを地球の人たちに伝える仕事を勇気をもってつづけてくださったメアリーマーガレット・ムーアさんは二〇二二年五月にお亡くなりになりました。多くの人々を覚醒へと導いてくださったことに深く感謝します。彼女を通して、見えない世界からわたしたちに愛と勇気のエネルギーを送り、覚醒への具体的な道を示してくれたバーソロミューに深い感謝を捧げます。

二〇二二年十二月

米国ワシントン州にて

ヒューイ陽子

日本語版復刊に寄せて　「バーソロミューの思い出」

一九八十年代後半から一九九十年代前半にかけての日本でのチャネリングの熱狂、あれは一体何だったのだろうか、と今でも不思議に思うことがある。私も取り憑かれるようにチャネリングの本に熱中した一人であり、手に入るかぎりのチャネリングの本を読んだものだ。私を魅了したのは、何よりもまず、その情報の多様さ、それから、通常の常識的視点ではない物事の見方・考え方、そして、どうやって物質的人生をうまくやっていくのかという、そのノウハウだった。

しばらく読んでいくうちに、チャネリングのいわゆるエンティティ（存在）が語る教えは必ずしも一様ではなく、それぞれ異なるものであり、また教えの焦点をどこに置くのかも、けっこう違っていることに気づいた。「ああ、あちらの世界のエンティティたちも物事の見方が全部同じというわけでもないんだ」とわかって、なんだか人間の世界と同じようで可笑しかった。だから、私にとってはチャネリングのエンティティは、崇拝したり崇めたり、まして恐れたりする対象ではなく、ただ物知りで親切な友人という感じであった。

ちょうどその頃、なんとなく仕事を変えたくなり、突然、自分が読んで気に入ったチャネリングの本を翻訳出版しようと思いたち、無謀にも今でいう「起業」をし、出版社をスタートさせた。時代の流れもあって、何の宣伝もしないのに、本は驚くほどよく売れた。そして、何冊目かの企画に、私がとても気に入り、禅や仏教にも造詣が深い「バーソロミュー」の本を出そうかと考え始め、アメリカの出版社宛てに問い合わせの手紙を書こうとしていたちょうどそのとき、面識のなかったヒューイ陽子さんから突然、「翻訳の仕事がしたい」という手紙が届いたのだ。彼女が翻訳したい本のリストの中に、「バーソロミュー」の本があることを知り、私はその偶然に驚き、「ああ、もうこれはバーソロミューの本を出すしかない」と即決した。それが一九九二年のことで、彼らがその年の夏、日本旅行を企画していることをヒューイさんを通じて知り、その不思議な偶然にもまたまた驚かされた。そのあたりの話は本書でもジョイ（バーソロミューの本を出版している出版社の代表）が日記の中で詳しく語っている。

そして、一九九二年に彼らが来日したとき、私は初めてバーソロミューの肉声を聴いた。バーソロミューのチャネルであるメアリー・マーガレットは肝っ玉母さん的な雰囲気の人であるのに、彼女のところに降りて来るバーソロミューのエネルギーは私にはとても男性的――年齢未詳の賢者風に感じられた。ツアーの人たちは京都や奈良の観光の合間に時々集まっては、部屋や公園などでバーソロミューの話に耳を傾け、バーソロミューはスピリチュアルな目覚めだけではなく、ハートとマインドを開いて、日本の文化、習慣に接することの大切さも強調していた。

それから、翌年にバーソロミューの本のシリーズ第一冊目が出版され、私は一九九四年に彼らの日本でのワークショップを企画した。ワークショップにはたくさんの人たちが参加し、私も彼らとの再会を喜んだ。翌一九九五年にバーソロミューの最後のワークショップがアメリカのニューメキシコ州であり、彼らはそれに私を招待してくれた。ニューメキシコ州という日本とは全然異質の風景の中でバーソロミューの最後の話を聴き、バーソロミューを愛する人たちとの交流を楽しんだ。

メアリー・マーガレットも彼女の夫のジャスティン、それにジョイも普段はとても気さくで普通の人たちで、いつも楽しいジョークを飛ばし合い、日本文化と日本食（日本のビールやワサビなど）をこよなく愛し、私たちは京都、東京、ニューメキシコでいつも楽しい時間を過ごした。

出版社を立ち上げた前後から一九九五年頃までのことを思い出すと、何か高速の乗物に乗せられて、行き先もわからず運ばれているという印象があり、物事は起こる運命になっているときは、自分の意志とは無関係に進んで行くものだということを最初に私が理解した時期だった。同時に不慣れな出版業の仕事で非常にストレスも多い時期で、私はバーソロミューの言葉に非常に慰められたものだ。

昨年、ジョイからメアリー・マーガレットが亡くなったことを伝える連絡が久しぶりにあり、彼女と近況などをメールでやりとりしたとき、九十年代の思い出がよみがえり、なつかしさがこみ上げた。私の理解によれば、バーソロミューの教えは、マインド・感情レベルから、「私とは本当に何か」に目覚める非二元の教えの架け橋になるもので、非二元系の賢者たちがほとんど語らない人間的感情や思考にも多くの理解を与えている。

バーソロミューのシリーズが最初に出版されてから二十五年以上たった今でも、日本で多くの読者に読み継がれていることを、私はとてもうれしく思っている。本シリーズに関わったすべての人たちに、そして、バーソロミューのエネルギーに心より感謝したい。

二〇二三年一月二〇日

高木悠鼓

■チャネル

メアリーマーガレット・ムーア（Mary-Margaret Moore）

ハワイ諸島で育ち、幼い頃からハワイのさまざまな宗教の異なる概念に触れる。9歳のときのある体験により、自分が見聞きしているすべての宗教の中心には、真理を発見する道があることを知る。それは、どんな人生を歩んだ人であれ、すべての人はその道を知るパワーにアクセスできるということ。以来、内在する聖なるパワーとの結びつきに気づくための、あらゆる方法を学んできた。

1977年に、バーソロミューとして知られるエネルギーが人生に入ってきたことにより、18年間ともに仕事をしてきたが、自分の内なる存在を発見するために必要な情報をバーソロミューがすべて与えたことを理由に、その教えは95年に終了。

本書以外のバーソロミューの本として、『バーソロミュー――大いなる叡智が語る愛と覚醒《めざめ》のメッセージ』『バーソロミュー2――夢から目覚める』『バーソロミュー3――大いなる叡智が語る平和への祈り』『バーソロミュー4――大いなる叡智が語る内なる神性の目覚め』（ナチュラルスピリット）がある。

米国ニューメキシコ州で公開ミーティング、ワークショップ、カウンセリングなどの活動を精力的に行ってきた。2022年5月逝去。

ホームページ　https://www.marymargaretmoore.com/

■訳者

ヒューイ陽子（Yoko Huey）

1948年福岡市生まれ。津田塾大学英文科卒業。米国ジョージタウン大学言語学科修士過程およびバスティア大学応用行動科学科修士課程修了。大学講師、外資系企業勤務、翻訳業、心理カウンセラーなどとして働くが、2021年に引退。訳書に、『バーソロミュー』のシリーズ（マホロバアート、ナチュラルスピリット）、『ソース』（ヴォイス）などがある。

本書は、『バーソロミューの旅日記（上）』（1998年、マホロバアート刊）を一部加筆修正し、復刊したものです。

バーソロミューとの旅（上）日本編

●

2023年3月19日　初版発行

著者／バーソロミュー
訳者／ヒューイ陽子

編集／澤田美希
DTP／山中 央

発行者／今井博揮
発行所／株式会社 ナチュラルスピリット
〒101-0051 東京都千代田区神田神保町3-2 高橋ビル2階
TEL 03-6450-5938　FAX 03-6450-5978
info@naturalspirit.co.jp
https://www.naturalspirit.co.jp/

印刷所／モリモト印刷株式会社

ISBN978-4-86451-431-6 C0011